驚異！世界史
恐怖末日預言。

張璐華 著
暗黑歷史研究會 編

Doomsday Predictions

目錄

第3章 古代超文明：水晶頭骨之謎

第4章 人為還是外星人的傑作：奇異的麥田怪圈

第5章 無法兌現的承諾：《聖經》的末日審判

第6章　末日畫卷：達文西的末日預言

第7章　神祕東方古國的末世預言

第8章　真實的恐怖：末日就在身邊

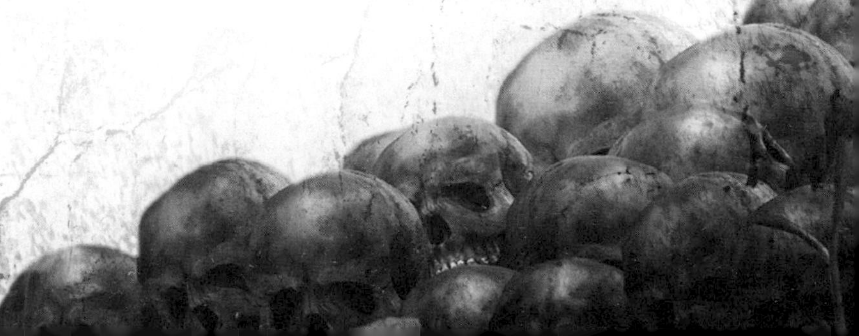

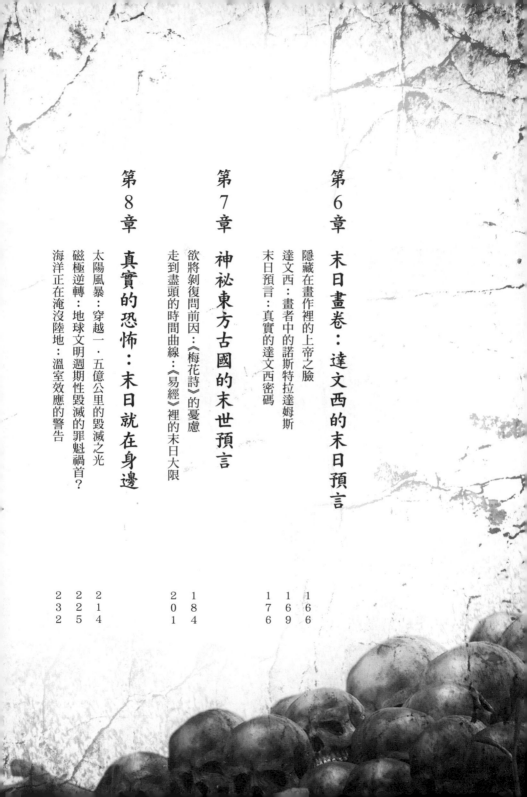

序言

幽深夜裡，獨坐於祕密的書齋
黃銅三腳架之上
幽暗的火苗微微閃爍
難以置信的預言誕生了

——諾斯特拉達姆斯（Nostradamus）《百詩集》（*Les Propheties*）

三千年前，神祕消失的馬雅祭司在殘破的石碑上刻下了世界將毀滅的預言；在遙遠的西方，《聖經》記載的世界末日預言也與之遙相呼應；就連中國最古老的占卜著作《易經》也透出了末日預言的氣息：一九七〇年代，美國學者泰倫斯．麥肯納（Terence McKenna）根據《易經》六十四卦象，用電腦方程式推演出了時間波動函數（timewave），而電腦也計算出了波動曲線的波形零點——

它們有一個共同的日期：二〇一二年十二月廿一日。[1]

同樣記載末日預言的還有古老的《推背圖》、《死海古卷》（*The Dead Sea Scrolls*）等奇書，這些古老神祕的著作使得世界末日的消息在各地瘋狂流傳，不少信徒因為懼怕末日的到來而紛紛自殺，「天堂之門」、「人民聖殿」……無數在末日恐慌中消逝的生命化作屍氣，將末日預言填充得益發真實可見，一時間，黑色的死亡恐怖如同冰冷的死神鐮刀，清冷地擱在每個人的頸項邊，人們疑慮、焦躁，在絕望中試圖冷靜，試圖破解預言的密碼，希望證實末日存在的虛妄。

未來無法預測，人們卻從《死海古卷》和《聖經》裡發現了已經應驗的預言，而著名預言家諾斯特拉達姆斯（Nostradamus）所著《百詩集》（*Les Propheties*）中的預言，準確率更是高達九成，更加削弱了反對派的士氣。

二〇一二世界末日，究竟是驚天謊言，還是即將成真的預言？

沒有人知道。

然而有心人卻發現，自從二十世紀六〇年代到二十世紀末，短短四十年，年平均地震次數就猛增四倍；進入廿一世紀，全世界發生的地震次數依然有增無減，六級以上的強震次數也越來越多……近年來，世界各地暴風雨、泥石流、地震、海嘯等天災頻發，「二〇一二世界末日」的預言甚囂塵上，很多人認為這正是末日斷魂曲的前奏，千年前的馬雅預言開始在耳畔迴響——

「每個太陽紀末期，地球都會陷入空前的大混亂，並在一連串慘不忍睹的悲劇下落幕。地球在滅亡之前，一定會先發出警告。」

二〇〇〇年，全球發生七級以上地震共十五次，南亞多處水災……

二〇〇一年，全球發生七級以上地震共十六次，巴西、土耳其洪水肆虐，中歐、南歐等地區雪災不斷。

二〇〇二年，全球發生六級地震以上地震共一四〇次，歐洲地區的降雨量達到歷史新高，美國和澳洲出現大旱。

二〇〇三年，全球發生六級以上地震共一五五次，SARS爆發全球大流行。

二〇〇四年，全球發生六級以上地震共一五七次，印度洋大地震引發南亞海嘯，造成數十萬人死傷。

二〇〇五年，氣候異常現象劇增，卡翠娜颶風重創美國南部，歐洲地區發生嚴重旱災及罕見高溫。

二〇〇六年，全球水災高達二二六次，西歐熱浪奪走二千人的性命，烏克蘭寒流導致八百

1 目前最廣泛討論的末日日期為二〇一二年十二月廿一日，即二〇一二年的冬至，因馬雅曆和時間波動函數的誤差值，故也有學說認為末日是十二月廿二日或廿三日。

多人死亡。

二〇〇七年，全球發生八級以上地震高達四次，印尼洪水氾濫，數十萬人無家可歸。

二〇〇八年，中國汶川發生八級大地震，緬甸風災奪走八萬多條性命，颶風連續四次重創美國佛州。

二〇〇九年，薩摩亞群島地區發生八級地震引發海嘯，美國爆發H1N1流感，並在全球蔓延，造成上萬人死亡。

二〇一〇年，全球發生七級以上地震達二十二次，智利發生八．八級超級巨震，全球多處持續高溫，打破歷史紀錄。

二〇一一年，日本九級地震引發海嘯，喜馬拉雅山區避暑勝地西姆拉的氣溫高達攝氏三十二．四度，南亞水災肆虐數月……

種種天災和反常的氣候現象，將人們對二〇一二末日的恐懼推到巔峰，無數預言與闢謠言論漫天飛舞，人類對末日的恐懼達到前所未有的極致，但卻無人能夠得出令人信服的結論，也許，人們恐懼的其實是無法掌握命運的未知，這與對死亡的恐懼如出一轍。

雖然我們無法得知這些預言的真實性，卻可以走近它們，還原它們，當它們與歷史本初無限接近時，我們也許能夠得到答案……

第1章 永不會到來的黎明：神祕的馬雅預言

「到了那一天，太陽出來、太陽落下，然後就此崩塌。
一切都太晚了，沒人能期待再見到日出……」

——摘自《世界預言未解之謎》

最後一個太陽紀的末日預言

第五個太陽紀，會在二〇一二年十二月廿一日結束。
在新紀年裡，變化與毀滅之神將會降臨。

——《馬雅預言》原始譯文

在美洲有一個流傳久遠的故事，傳說有一位被邪惡巫師催眠的美貌公主沉睡在叢林深處，在漫長的時間裡等待命中注定的王子到來，為她披荊斬棘，以愛為名，將她從無邊的黑暗裡喚醒。千年之後，終於有人聽到了她的呼喚。

一八三九年，美國探險學家史蒂芬斯（John Lloyd Stephens, 1805-1852）和卡瑟伍德（Frederik Cather Wood）順從命運的指引，來到了洪都拉斯的科潘（Copan），那個注定震驚世界的神奇之地。

當他們穿過濃蔭蔽日的熱帶雨林，用大刀劈開了橫在面前的粗大藤蔓後，一座隱蔽於荊棘之中的古代城市遺址，攜著濃重的歷史氣息，赫然出現在他們面前。

史蒂芬斯被眼前的一幕驚呆了：刻有奇怪文字和圖像的粗大紀念碑倒臥在荊棘藤條之中，露出半個頭來；雄偉的金字塔上長滿了深綠的樹木；山頂的祭壇宏偉浩大，梯道從山坡一直延伸到山頂……

當他們將這些發現用文字和圖片的形式公布於世，整個世界都沸騰了，考古學家、歷史學家們紛紛前往美洲探險——馬雅文明，在湮沒千年之後，終於再度出現在世人面前！

隨著馬雅遺址現世，隱藏在附近叢林和荒原上的一百七十多座城市廢墟也逐漸被發現。人們開始對石碑和建築物上的象形文字進行研究，一塊斷裂石碑上的銘文引起了全世界的注意——

…… uhtiiy waxak Chuwen b'olon(te') Mak
hekwaniiy K'anjalnaah
Upib'naah Ahkal K'uk'.

◎來源：Infrogmation, Wikipedia Commons

▲ 一八三九年，美國探險學家史蒂芬斯和卡瑟伍德來到了洪都拉斯的科潘，一個注定震驚世界的神奇之地。（卡瑟伍德繪稿）

◎來源：Esculapio, Wikipedia Commons

▲ 美國探險家史蒂芬斯。

©HJPD, Wikipedia Commons

▲ 隨著馬雅遺址現世，一百七十多座城市廢墟也逐漸被發現。

◎來源：Infrogmation, Wikipedia Commons

▲ 馬雅文明，在湮沒千年之後，終於再度出現在世人面前。（卡瑟伍德繪稿）

Cha' b'olon winikij ux ha'b' waxak winikha'b'(?) ux pik
tzuhtz-(a)j-oom u (w)uxlajuun pik
(ta) chan Ajaw ux(te') Uniiw
uhtoom ..?..
ye..?.. B'olon Yookte' ta ..?..

——《石碑原文》摘錄[1]

這些破碎的語句經過學者們長時間的翻譯，和援引其他相關馬雅文獻的推論，得到了如下完整的譯文：

第五個太陽紀，會在二〇一二年十二月廿一日結束。

在新紀年裡，變化與毀滅之神將會降臨。

1 二十世紀，在墨西哥南部發現一塊破碎的石碑，一般稱做「第六紀念碑」（Monument 6 from Tortuguero），語句破碎模糊，因內容提到結束的時間，常被引為二〇一二末日說的有力證據。

末日降臨，人類文明的休止符？

早在三千年前，馬雅人就是用了數字「0」，
他們知道地球公轉時間為三百六十五天又六小時二十四分二十秒，
他們沒有現代科學技術，卻能預知幾千年後出現的太空船……

儘管不知道第五個太陽紀是什麼，但世界各地發掘出的「末日預言」非常多，沒有人把這個石碑預言當一回事。然而隨著研究工作的進展，人們竟然得出了匪夷所思的結論：

專家們破譯了石板上古怪的象形文字，解讀出上面記載的太陽曆法、長紀年曆和卓金曆（Tzolkin）。人們驚愕地發現，馬雅人將一年的長度定為三六五．二四二一二九天，與現代經過科學推定的三六五．二四二一二八天相差不到萬分之一！而在長紀年曆中，馬雅人率先使用了「0」這個數學符號的概念，它的發明與使用，遠比亞非古文明中最早使用「0」的印度還要早，更比歐洲人早了大約八百年。除此以外，馬雅人還計算出了火星和金星公轉一周的時間！

馬雅曆法的精確度讓人們重新把目光投向石碑預言——難道殘碑上的末日預言真的存在嗎？

©Durova, Wikipedia Commons

▲ 源自墨西哥的古老太陽曆。

©SLUB Poster, Wikipedia Commons

▲ 馬雅長紀年曆。

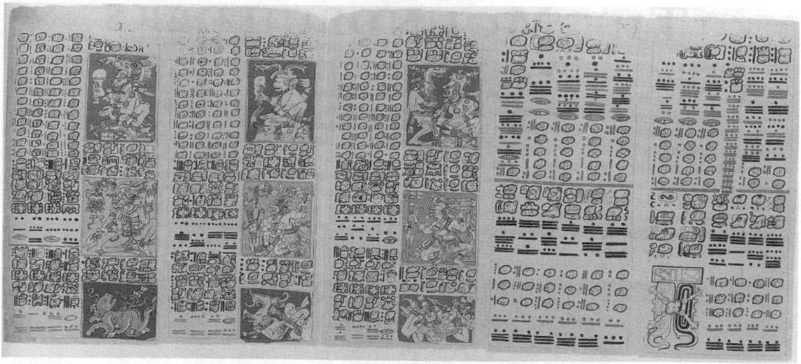

©Enigmamexicano, Wikipedia Commons

▲ 第六紀念碑，現保存於墨西哥塔巴斯科州的Carlos Pellicer博物館。

©JurriaanH, Wikipedia Commons

▲ 根據已破譯的馬雅文字顯示，一旦第五太陽紀結束，地球就會遭受幾乎覆滅的重大變化。

如果真的存在，那麼世界末日又在哪一天？古馬雅人又是怎麼推算出這個日期的？

不敢再輕視石碑預言的研究者們，在馬雅人的記載中發現了關於太陽紀的描述。馬雅人將地球歷程分為五個太陽紀，之前的四個太陽紀都分別毀於大陸沉沒、狂風侵襲和火雨肆虐，而地球現在處於第五個太陽紀末期。也就是說，第五個太陽紀即將結束。根據已破譯的馬雅文字顯示，一旦第五太陽紀結束，地球就會遭受幾乎覆滅的重大變化，而人類現存的文明可能也將不復存在。

考古學家根據十六世紀西班牙入侵馬雅的時間，再依照碑文上記錄此事的計數單位往回推算，確定了馬雅紀年的元年為西元前三一一四年八月十三日，而一個太陽紀的時間為五一二五．三七年，因此可以推定，馬雅曆法中記載的第五太陽紀將結束於二〇一二年十二月廿一日，與之前破譯石碑碑文的第一句預言完全一致[2]！

第一句預言已經有了合理解釋，那麼第二句預言是否也一樣精準無誤？變化與毀滅之神又有什麼含意？之前四個太陽紀的結束都伴隨著天災和文明滅絕，那麼第五個太陽紀也會重蹈覆轍嗎？

消息傳出，輿論一片譁然。就在人們惴惴不安地等待預言應驗之際，二〇〇九年，位於南太

2　摩利斯．科特羅（Maurice M Cotterell）在《地球毀滅密碼》（*The Supergods*）一書裡提出，用馬雅文化中的聖數一三六六五六〇計算出第五太陽紀的結束時間為西元二〇一二年。

平洋的薩摩亞群島地區發生八級地震，引發大海嘯，死傷無數；隨後的二〇一〇年、二〇一一年，智利、日本均發生了八．八級和九級的超強地震，海浪席捲而來，鋼筋水泥大廈被沖垮，人們被壓在廢墟中，有的則被捲進大海，屍骨無存。身陷災難中的人們無家可歸，許多家庭失去了父母兒女兄弟姐妹，到處都是鮮血和屍體，傷者哀鴻遍野，一片狼籍。

這個悲慘的場面似曾相識，有人突然想起了古馬雅人遺留下的手卷——《德雷斯頓抄本》（*Dresden Codex*）[3]，這個以氣候為核心內容的古老手卷，末頁上卻有一個關於世界末日的神祕預言：世界上曾經存在過三個世界，第一個世界的居民是「矮人」，他們從廢墟中建立一座座城市。黎明一到，矮人們就變成了石頭，這個世界最後被洪水淹沒；第二個世界的居民是「越界者」，一場絕無僅有的浩大洪水毀滅了這個文明；第三個世界的居民是馬雅人，這個文明

◎來源：Linear77, Wikipedia Commons

▲《德雷斯頓抄本》末頁有個關於末日的神祕預言：整個世界變成汪洋大海，一切歸零。

以同樣的方式結束。西班牙人的到來發生在第四個世界，而這個世界也將被鋪天蓋地的洪水所淹沒。在《德雷斯頓抄本》的最後一頁，一幅世界末日場景栩栩如生地展開：怒濤洶湧，洪水淹沒人類城市，萬物都將沉沒海底，整個世界變成汪洋大海，一切歸零。

如果說《德雷斯頓抄本》的末日預言還讓人們存有一絲疑慮，那麼二〇〇八年塔巴斯科州石碑預言破譯，就是給這絲疑慮打了一劑強心針。從二〇〇九年起，世界各地天災人禍不斷，似乎與千年前的古馬雅預言遙相呼應。死亡的陰影籠罩了整個天空，人類似乎看到了手執鐮刀的黑衣死神邪惡地獰笑——難道世界末日真的即將降臨？如果這是真的，那麼幾千年前的馬雅人又是怎樣預見這個天大的祕密？

絕望之下反而越見冷靜，也許一旦破解古馬雅人的預知之謎，就能夠逃出生天。然而，此一舉動卻牽扯出了更大的謎團。

3 《德雷斯頓抄本》輾轉流到歐洲，後於一七三九年保存在德國德雷斯頓（Dresden）圖書館。

天外來客？帕倫克石板上的飛行器

一九五二年，人們在馬雅古城帕倫克（Palenque）的神殿廢墟裡發掘出一具石棺，棺木內鋪滿了藍寶石碎片，裡面是一具男性遺體，遺體上掛滿了翡翠飾品。這具男性遺體身高約一七五公分，與古馬雅人嬌小的身形形成強烈的反差——據考證，古馬雅人的平均身高僅有一五〇公分。更令人驚異的是石棺上的雕刻。按照慣例，棺木上應該刻上讚頌墓主生平功德的文字和圖案，可這具石棺卻雕刻著太陽、月亮和星星等天體的圖案，除此以外，還有一位男性似乎正在操作什麼，他的身體向前彎曲，嘴裡含著東西，右手操作一根像棒子的物體。[4]

起初人們認為這只是關於古代神話的雕刻，然而就在十七年後，一九六九年，美國發射太空船阿波羅號，有許多電視臺轉播實況。當年參與馬雅遺跡考古的學者恰巧坐在電視前，隨著電視畫面的切換，他的臉色也由不可置信轉為震驚——石棺上的那幅圖案和阿波羅太空船升空的情形極其相似！

大驚失色的學者立刻把石棺圖案的拓本拿給相關的航太專家鑑定，專家看過之後表示：「這是把太空船內部狀態加以圖樣化的東西，看，上面還詳細標出了這個奇特飛行器的進氣口、排氣管、操縱桿、腳踏板、方向舵、天線、軟管……」

當馬雅遺跡研究學者告訴航太專家，這幅圖案是從千年前的石棺上拓印下來時，所有人都為之震驚。人們不約而同地想起馬雅人在曆法上顯現的超強能力，想起了數字「0」，還有二十進位計數法。如果在此之前，人們只是驚嘆馬雅人強大的數學推演能力，那麼，現在這幅圖案所代表的意義則足以引起新一波的爭論——所有資料都顯示，馬雅人的數學水準已經發展到登峰造極的程度，使用的最大數字已經到達四十億，如此龐大的數字足夠沿用至四百萬年以後——歷史上，這種複雜的高級數學只出現在科技昌明的時代，還停留在以物易物階段的古馬雅人，為什麼要研究根本用不上的高級數學和天文學？

人們將目光投向那個穿越千年的神奇圖案，一個不可能的大膽推論出現了：馬雅人需要測算星空距離，使用飛行器進行星際航行，所以才會潛心研究曆法與數學推演，唯有太空航行研究才會需要這麼龐大的數據！

這個天方夜譚般的結論，似乎合理解釋了石板之謎與馬雅曆法如此精準的原因，然而一個悖論也隨之出現：數千年前的馬雅人還處於石器文明，他們居住在洞穴中，用樹葉遮蔽下體，過著

4　關於石棺雕刻與飛行器的想像，《眾神之車：歷史上的未解之謎》（*Chariots of the Gods*，Erich von Daniken著，一九三五年出版）一書有詳細論述。

以物易物的原始生活，且不說他們根本沒有製造飛行器的金屬原料，到了後期，他們連溫飽都成問題——由於採取原始的「米爾帕耕作法」（又稱火耕），導致連年歉收，食不果腹，整個部落都陷入饑荒之中。這樣一個連飯都吃不飽的原始部落，關注的卻是不符合實際需求的天文曆法和數學推演，十分反常。要知道，即使到了十六世紀，西班牙人在尤卡坦半島上看到的馬雅人都還住著泥巴糊的茅屋，以原始的採集打獵為生，過著以樹葉蔽體的原始生活。

這表示，馬雅人在其他方面的成就並不像天文曆法一樣超前，他們在其他方面的才能平平，並未對日常生活產生任何影響。這種感覺就好像是古老文明中突然殺出了一個「天外來客」！

當這個詞出現在人們腦海中時，所有人都不約而同地聯想到一個更加不可思議的答案：外星智慧生命！因為那些神奇的天外來客造訪，原始的馬雅人才會創造出如此反常的高級文明！

部分學者認為，那幅圖案描繪的就是外星人所乘坐的飛行器，如此就完美解釋了連青銅器都無法製造的馬雅人，卻能夠製造飛行器的謎題——那本來就不是他們製造，而是外星人乘坐的，他們只是將其用圖畫完整記錄下來而已。數千年前，這些外星來客們造訪了這片茂密的原始叢林，教授馬雅人什麼是「0」，怎樣進行最精確的數學推演，教他們觀察金星，協助他們創造了馬雅曆法，然後飄然而去。

有人立刻想起了馬雅曆法裡的「卓金曆」，這是根據一年等於兩百六十天週期所計算出的曆

©Talk2winik, Wikipedia Commons

▲ 馬雅古城的神殿廢墟內部大門結構。

©Simon Burchell, Wikipedia Commons

▲ 原始的馬雅人創造出如此反常的高級文明，是有真出自「天外來客」之手？

法，可人們卻沒有在太陽系裡發現任何一顆行星能夠適用此曆，而「卓金曆」的起源也成了未解之謎。然而，如果「卓金曆」本身就是外星來客送給馬雅人的禮物，那麼它的存在也就順理成章了。

另一個證據是著名的羽蛇神金字塔（El Castillo，又稱羽蛇神金字塔、城堡、馬雅金字塔或墨西哥金字塔）。這座世界知名的馬雅金字塔座落在墨西哥尤卡坦半島中部的奇琴伊察古城廢墟上。

這座由巨大條石堆砌而成的金字塔共有九層，塔的四面共有九十一級臺階，整座金字塔共有三百六十四級臺階，再加上塔頂平臺，正好是三百六十五級，與一年三百六十五天的天數正好吻合。

問題就此產生：處於石器文明時期的古馬雅人當時還沒有發明車輪，與埃及人相比，他們連可作

◎來源：Dschwen, Wikipedia Commons

▲ 羽蛇神金字塔座落在墨西哥尤卡坦半島中部奇琴伊察古城廢墟。

為工具的銅器或者騾馬車輛都沒有，究竟是怎麼從高山上挖掘採集巨大的石塊，又是怎麼把石塊搬運至工地，並堆砌成現在的金字塔呢？

再者，羽蛇神金字塔的修建並不是簡單的堆砌工作。馬雅人認為庫庫爾坎（Kukulkan，原形是帶羽毛的蛇）是太陽神的化身，所以他們又在這座專門為太陽神建造的神廟的朝北臺階上雕刻了一條帶羽毛的蛇。

每年春分和秋分的下午，金字塔北面一組臺階的邊牆，會在陽光照射下形成彎彎曲曲的七段等腰三角形[5]，連同底部雕刻的蛇頭一起，彷彿一條巨蛇從塔頂向大地緩慢遊動，象徵著羽蛇神在春分時甦醒。這個光影幻象每次持續三小時二十二分，千百年來從無變更，即著名的「光影蛇形」。

一個僅處於石器文明的原始部落，不僅徒手從遙遠的高山上開採出巨石，而且還解決了運輸的難題，並且逐塊堆砌——不，還不是簡單的堆砌，在堆砌的同時，他們竟在巨大的石板上雕刻了一條蛇，並且精確地計算設計出「光影蛇形」的奇蹟。

這些真是古馬雅人獨力完成的嗎？

5 根據何顯榮先生在網路上發表的〈馬雅文明之謎〉一文（http://ufo.twup.org/study/fk35.htm#13），關於等腰三角形的光影，已被證實是偶然現象。

© Simon Burchell, Wikipedia Commons

▲ 馬雅人認為庫庫爾坎（原形是帶羽毛的蛇）是太陽神的化身。

©ATSZ56, Wikipedia Commons

▲ 羽蛇神金字塔著名的「光影蛇形」。

正當人們思索這個問題時，一顆重量級炸彈再次撼動了考古學界。

一九六八年，一批科學家試圖探測馬雅金字塔的內部結構，為了保證實驗結果的嚴謹，他們在每天的同一時間，使用同一設備，對金字塔內的同一部位進行X光射線探測，但令人驚異的是：幾次探測得到的圖案竟然沒有一個是相同的。

美國人類學家、探險家德奧勃洛維克和記者伐蘭汀也遇到了同樣的靈異事件。他們在尤卡坦地下發現了許多洞穴，它們彼此連通，因為地道的構造與金字塔內的通道十分相似，所以他們拍攝了照片。然而他們拍攝的九張照片裡，真正能沖印出來的只有一張，而這唯一一張照片什麼也沒拍到——當照片沖洗出來時，上面只有一片漩渦似的神祕白光……

所有的一切似乎都指向了某個神祕的所在。難道燦爛輝煌的馬雅文明，真的是天外來客的傑作？所謂的馬雅預言，又真的是外星高級智慧生命的告誡嗎？

沒有人知道。

奇怪的是，除了天文曆法以外，那些神奇的高級智慧生命並沒有帶來足以改變馬雅人生活的文明，如同在浩瀚歷史長河中投下的一顆小石子，當時雖然激起了圈圈漣漪，卻無法影響整個歷史長河的進程，似乎在冥冥之中，這些神祕的天外來客也遵循著某種歷史規則。

然而，真相已無法考證。

那些遠古祕密已經隨著古馬雅人突然神祕消失，被淹沒在歷史長河中，人們只能從偶爾被沖上岸的石板、壁畫中，試圖尋找當年的線索……

◎來源：DuendeThumb, Wikipedia Commons

▲ 馬雅古代神話的雕刻。（卡瑟伍德繪稿）

無解的謎題：神祕消失的馬雅人

精準的馬雅曆法，恐怖的末日預言，登峰造極的數學文明，
帕倫克石棺上的飛行器圖案，一夜之間神祕消失的古馬雅人……
種種看似不可能，卻是唯一解答的推論環環相扣，
人們永遠只能看到浮於表面的現象，卻無法探知隱藏於黑暗的真相。
讓原本就令人驚異的馬雅預言更加撲朔迷離。

種種推論至此，馬雅謎題似乎到了盡頭，然而更深的恐懼卻像一張張開的大網迎面而來。如果那些令人驚嘆的馬雅文明真的出自天外來客之手，那麼，我們是否可以這樣理解：舉世矚目、令無數世人震驚恐懼的末日預言，其實是天外來客借古馬雅人之口，告誡後世的人類？

外星高級智慧生命的告誡！

消息傳開，人們陷入更大的恐慌，更有人因此患上憂鬱症甚至自殺——如果世界末日真的如期到來，那麼僥倖存活或許比死去更加悲慘。而這種來自未知的高級智慧生命的告誡，比所謂的神祕預言更加令人信服。

流言四起，人心惶惶，世界各地不斷傳來自殺事件，學者們焚膏繼晷，寄望在二〇一二到來之前破解末日密碼——但出乎意料之外，日以繼夜研究所帶來的，竟然是壓垮駱駝的最後一根稻草，而這最後一根稻草就是在西方被奉為聖典的《聖經》。

彷彿與古馬雅人的末日預言遙相呼應，學者們愕然發現《聖經》上也明確記載了「末日審判」的資訊，並且詳細描繪了末日的可怕情形，這與古馬雅人所論第一個太陽紀末日的洪水景象不謀而合。《聖經》本身除了是一部宗教聖典之外，也是一本預言奇書，它在幾千年前就預言了羅馬帝國分裂，所以《聖經》內容的呼應，幾乎擊潰了所有人的信心。雖然《聖經》並沒有注明世界確切的毀滅時間，但這已經足夠——創造出精準度高達九成的馬雅曆法的古馬雅人，已經明確指出地球毀滅的時間就在二〇一二年。

也許，在第五個太陽紀之後，全人類將因為地球的巨大變化而滅絕……

原本為了證實末日預言失實所進行的研究，到最後反而成了馬雅預言真實性的驗證。整個解謎過程猶如繁複精緻的俄羅斯娃娃，每當人們以為接下來就是真相的時候，出現的卻永遠是無窮無盡的謎題，而牽引謎題的那則古老預言，卻隨著人們急欲了解真相的步伐益發深不可測。

謎團，隨著無數人的考究，變得越來越多。

考古學家試圖從馬雅文明的開始和結束著手，卻發現這個神祕的文明僅僅昌盛了兩千年便突然隕落——西元九世紀，古馬雅人出於未知的原因，突然拋棄了繁華的古老都市，他們拋棄修到一半的寺廟和金字塔，在茂密的熱帶叢林裡四下分散，一去不回……

縱觀整個馬雅文明史，它的出現如此突兀，帶著世人驚嘆的天文曆法和登峰造極的數學推演法突然現世，留下巧奪天工的金字塔，創造出繁盛的文化，卻又在最輝煌繁盛的時刻急流勇退，戛然而止。

他們過著刀耕火種、以物易物的原始生活，但卻能夠創造運行六千年卻幾乎沒有誤差的曆法；他們沒有金屬工具和車輛，卻可以從遙遠的高山上開採巨石，逐塊堆壘，建造成宏

©Talk2winik, Wikipedia Commons

▲ 這些令人嘆為觀止的複雜建築與工藝技術，真是古馬雅人獨力完成的嗎？

偉的神殿……

這些或燦爛或恐怖的謎題，為遠古的馬雅人蒙上了一層神祕面紗。即使是科技昌明的今天，人們依然無法解開馬雅之謎，即使有人把馬雅文明歸於外星人的創造也不行——儘管近年來世界各地不斷發現幽浮、神祕巨人陣等疑似外星來客的足跡，卻從沒有真正科學的依據證明外星智慧生命確實存在。而古馬雅人詭奇恐怖的末日預言，猶如黑暗中的幽靈，無法觸摸，卻時刻讓人感受到它們的幽冷注視。

茫茫宇宙，是否真的存在外星生命？命運坎坷，人生浮沉，人類是否有能力脫離冥冥之中的安排？

西元二〇一二年已然到來，地球將度過馬雅預言中的最後一個太陽紀。古老的命運齒輪已經開始吱呀吱呀地轉動，而在科技文明高度發達的今天，人類能夠不再重蹈古馬雅人的覆轍嗎？誰也不知道……

◎來源：Mini Clever, Wikipedia Commons

▲ 璀璨的馬雅文明突然如流星般隕落消逝，為遠古馬雅人蒙上了一層神祕面紗。

第2章　大魔王降臨：諾斯特拉達姆斯的精準預言

四百年來，始終再版並長盛不衰的書，全世界只有兩本。一本是《聖經》，另一本就是諾斯特拉達姆斯的《百詩集》。

——摘自《諸世紀——諸世紀中的大預言》[1]

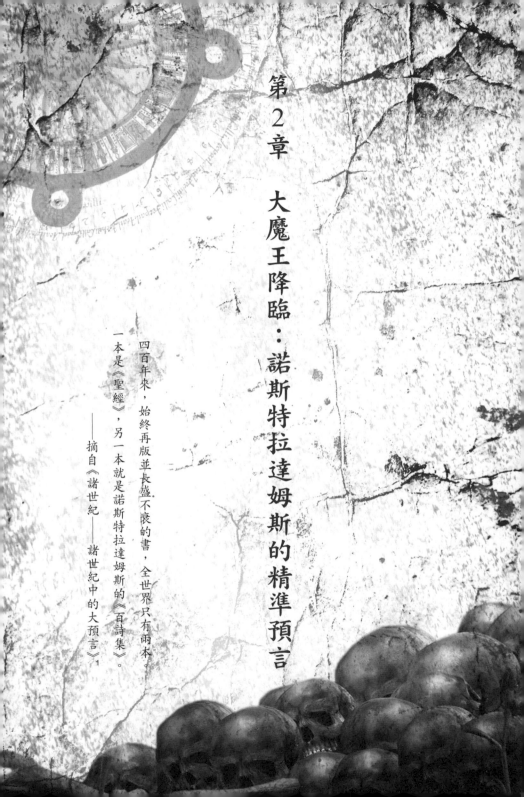

1 《諸世紀中的大預言》河南文藝出版，二〇一〇年六月。

在預言中行進的歷史：國王之死

一五五一年，諾斯特拉達姆斯預言，法國國王亨利二世必在十年內遭利刃穿過眼睛，刺破頭顱而死。

一五五九年七月十日，十年以內的最後一天，亨利二世被長槍穿過眼睛，刺破頭顱，悲慘哀嚎了九天後死去。

據說在一五五一年，當時年盛力強的法國國王亨利二世坐在高高的王座上，一時興起，便讓旁邊一個眼神深邃的中年人預言自己的死亡。那人平靜而恭謹地回答，十年內，亨利二世將會被利刃穿過眼睛，刺破頭顱而死。

此話一出，如同平地驚雷，所有貴族都忙於安撫驚懼交加的國王，沒人注意到那個中年人淡然平靜的神情。

一五五九年七月，亨利二世為了慶祝女兒大婚而大擺筵席，舉行為期三天的慶典活動。在慶典上，酒興正濃的亨利二世非要拉著自己的近衛隊長蒙哥馬利比試槍法。蒙哥馬利反覆推說：「國王喝醉了。」拒絕比試。然而亨利二世執意要比，蒙哥馬利推辭不過，只好上場。

比試所用的槍尖都用厚布和皮革密實地包裹起來，做足了安全措施。然而誰也沒想到，意外就在第二回合發生了——

亨利國王用槍擊刺蒙哥馬利的頭盔時，自己卻撞上了蒙哥馬利的槍頭。這時，蒙哥馬利槍尖上的皮套突然脫落。鋒利的槍尖立刻穿透了國王頭上的黃金頭盔，刺中國王的眼睛。國王慘叫一聲，倒在玫瑰盛開的花壇中。

所有人都站了起來，驚慌的侍衛立刻衝上前阻止，然而已經遲了。人們一湧而上，把重傷哀嚎的國王圍在中間，但情況已無可挽回——蒙哥馬利那一槍不僅刺穿了國王的眼睛，而且還刺中國王腦袋上的舊傷口，傷了腦神經的亨利二世已有些神志不清。

◎來源：Sir Gawain, Wikipedia Commons

▲法國國王亨利二世肖像。

診斷結果傳來，所有在場的貴族都感到一絲毛骨悚然的涼意，不約而同地想起十年前那場會談。那名中年人的眼神是如此深邃和神祕，帶著一絲悲憫和看透世事的淡然，彷彿穿越了時光，早在十年前就已經看到結局……

年輕的獅子將戰勝年老的
在一場單對單的戰鬥裡
他將刺破金籠中的雙目
兩個傷口合成一個
他死於殘酷的死亡
（《百詩集》卷一・三十五）[2]

雖然宮廷御醫及時救治，亨利二世沒有立即斃命，但十天之後，由於傷勢過重，亨利二世仍舊與世長辭。

預言還沒有結束。

闖下大禍後，蒙哥馬利瘋狂地逃亡，但嗜血的死神已默默地舉起了冰冷的鐮刀。

◎來源：Sir Gawain, Wikipedia Commons

▲法國凱薩琳王后肖像。

2 諾斯特拉達姆斯晚年以四行詩體（Quatrain）寫成的預言集，全書共十卷，各卷都收有一百篇四行詩，現存較早的版本分別收藏於法國國家圖書館及大英博物館內。

亨利二世的死觸怒了凱薩琳王后（Catherine de Médicis），這位雷厲風行的鐵腕王后發誓要為丈夫報仇。她派出六名精銳護衛，日夜追捕弒主的蒙哥馬利，終於在一間茅屋裡結束了他的性命。

手握長矛，與人格鬥。
上司性命，被他奪走。
夜深人靜，六人闖入。
雖然彪悍，難敵四手。
（《百詩集》卷三．三十）

至此，一切塵埃落定。

回首往事，那個眉目淡然的中年人所做的預言竟然一一應驗，每個細節都如此契合——驍勇善戰的蒙哥馬利因為對國王忠心耿耿，擁有「獅子」的綽號；被刺中的國王倒在玫瑰花壇之中；長槍刺中了國王的舊傷，兩處傷口合二為一；國王在神智不清中死去……就連蒙哥馬利的結局也如實應驗。

那名神祕的預言者是誰，竟然能夠清楚預見十年以後的事？如果這一切都是真的，他究竟還看到了什麼？

我的未來是怎樣的？

我能不能度過眼前的危機？

渴望得知未來的人們對此狂熱不已，他們發瘋似地尋找這名神祕預言者的蹤跡，終於在一本名叫《百詩集》（*Les Propheties*）[3]的預言書上找到了關於亨利二世死亡事件的預言，這本預言書上清楚地印著一個名字——米歇爾・德・諾斯特拉達姆斯（Michel de Nostredame），又

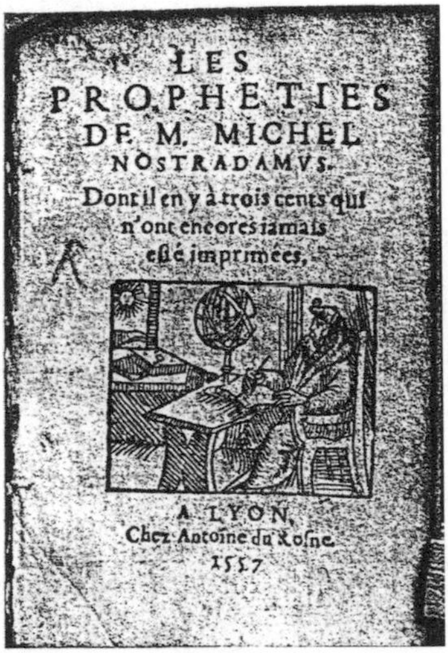

◎來源：Sumaru, Wikipedia Commons

▲《百詩集》封面（西元一五五七年版）。

3 《百詩集》原為《諾斯特拉達姆斯預言集》（Les Prophéties de M. Michel Nostradamus），於一五五五至一五六一年陸續出版，去世那年還出版了一五六七年的版本；後此書以每卷有「百詩」（Les Centuries）聞名，故稱《百詩集》。後世有譯為《諸世紀》者，乃是將法文Centuries誤譯英文century的複數形式，造成訛誤。

名諾斯特拉達姆斯（Nostradamus）。

一夜之間，諾斯特拉達姆斯聲名大噪，他的名字傳遍了整個法國，他所作的《百詩集》也開始受到重視。而國王之死的預言不過是一段序曲，這個在歐洲預言史上畫下一筆濃墨重彩的經典預言，揭開了風起雲湧的時代大幕，一連串不可思議的精準預言，在普羅大眾眼前一一呈現。

之後的四百年裡，人們不斷從《百詩集》中發現更多已經應驗的預言，諾斯特拉達姆斯的名字也因此在世界各地流傳開來……

神祇的地上代言人：聖者諾斯特拉達姆斯

一五〇三年十二月十四日，諾斯特拉達姆斯出生在法國南部的普羅旺斯。同古今中外的天才一樣，諾斯特拉達姆斯的天賦從小就顯露出來，小小年紀便精通拉丁語、希臘語、希伯來語、數學和占星術，精力和才能令人嘆服。

然而，這位天才的運氣卻不太好。

先是黑死病奪走了他的妻兒，又與親友反目成仇，最後，還因為覺得匠人製作的聖母青銅像不夠唯妙唯肖而出言不遜。教會因此認為他是邪惡的異端分子，必須加以追究。

儘管諾斯特拉達姆斯反覆說明，他不過是對該工匠的手藝不滿罷了，法官卻仍然命令他去宗教法庭自首。因為在宗教擁護者看來，聖母青銅像本身就是神聖的，無論什麼理由也不能抹殺他大逆不道的事實。

在已被認定為宗教異端的情況下，去宗教法庭「自首」顯然無異於送死，在此之前，已經有許多異端分子被施以火刑。

據說，諾斯特拉達姆斯為了不被活活燒死，不得不離鄉背景，開始長達六年的流亡生活。在流亡途中，他「預言家」的聲名開始在法國部分地區流傳，大家半信半疑，領主弗羅朗比爾就是其中一員。他決定親眼見見這名流亡的預言家，看他是否真的擁有預言能力。

當諾斯特拉達姆斯到弗羅朗比爾家做客時，弗羅朗比爾故意指著院子裡一黑一白兩頭小豬，要諾斯特拉達姆斯對牠們的命運做出預言，看看牠們的未來將會如何。

諾斯特拉達姆斯知道，無論自己怎麼說，佛羅朗比爾都會命令僕人做出與預言背道而馳的事情。但命運是不可以改變的，所以諾斯特拉達姆斯想了想，便篤定地說那隻黑色小豬將會成為兩人的盤中餐，而那隻白色小豬會被狼叼走。

弗羅朗比爾狡猾地笑了，他立即下令殺掉白豬，做為晚餐的食材。

當菜肴端上來時，弗羅朗比爾便得意地對諾斯特拉達姆斯炫耀，白豬並沒有被狼吃掉，因為已經被端到餐桌上了。

然而，出乎意料地，諾斯特拉達姆斯卻堅持他的預言並沒有錯。

◎來源：Sumaru, Wikipedia Commons

▲法國星象學家諾斯特拉達姆斯（Aimé de Lemud繪製）。

弗羅朗比爾大為惱怒，諾斯特拉達姆斯也堅持不讓，兩人爭執不下，弗羅朗比爾只好把僕人叫來詢問。

結果令人吃驚不已：原來，弗羅朗比爾領主旗下家臣養的一隻小狼，不知什麼時候偷偷溜進了廚房，把準備好的白豬肉吃個精光，害怕主人責罰的僕人只好偷偷地殺了黑豬做成菜肴端上。僕人本來以為主人不會發現，沒想到卻被諾斯特拉達姆斯的預言戳破了謊言！

諾斯特拉達姆斯的預言事無巨細，小到餐桌食物，大至教皇更迭。

◎來源：Szajci, Wikipedia Commons

▲ 羅馬教皇聖思道五世肖像。

在流亡途中，諾斯特拉達姆斯認識了一位名叫費利斯（Felice Peretti di Montalto, 1520-1590）的修道士，他在修道院裡負責養豬工作。當諾斯特拉達姆斯第一次見到這名年輕修道士時，突然向修道士跪下行禮。

年輕的修道士被嚇得不知所措，一度以為這名中年人是個瘋子。然而世事無常，就連他本人也沒有想到，數十年後，自己竟然登上了教皇的寶座，成為羅馬教皇聖思道五世（Sixtus V）。

於是，諾斯特拉達姆斯再次一語成讖！

一五四四年，諾斯特拉達姆斯結束流亡生涯，回到家鄉，在一場瘟疫的救助行動中遇見第二任妻子。婚後他獨自前往義大利遊歷，並開始潛心鑽研收集來的玄學及著書上。

一五五五年，諾斯特拉達姆斯開始出版預言集。預言集一出版就引起轟動，甚至讓他成為凱薩琳王后特別邀請的貴賓。

這場歷史上著名的會見持續了兩個小時，但遺憾的是，沒有任何人有幸見證這次會面，誰也不知道他們在這麼長的時間裡，究竟談了些什麼。但可以肯定的是，這次長談讓凱薩琳王后對諾斯特拉達姆斯堅信不疑，直到死亡，她一直都很相信諾斯特拉達姆斯的預言。

諾斯特拉達姆斯在巴黎停留期間，凱薩琳王后又召見了諾斯特拉達姆斯，希望他對她的兒子進行預言。

據說，諾斯特拉達姆斯當時做出的預言是——她的兒子中有三位能成為君王。

心懷大慰的母親並沒有注意到諾斯特拉達姆斯悲憫的表情，一心沉浸在兒子們美好未來的遐想中。這是一個善意的謊言，因為這預言並不完整，在業已完成的預言集中，這三位君王的悲劇命運早已註定……

七根樹枝，僅剩三根
年紀長者，遭遇死神
暗殺大公，死掉兩人
一睡不起，手辣心狠
（《百詩集》卷七・十一）

凱薩琳當時的七個孩子死了四個，而剩下的三個兒子則分別繼位為法蘭西斯二世（François II, 1544-1560）、查理九世（Charles IX, 1550-1574）和亨利三世（Henri III, 1551-1589）。這就是「七根樹枝，僅剩三根」的含意。

「年紀長者，遭遇死神」則指的是凱薩琳的長子法蘭西斯早夭一事；而「暗殺大公，死掉兩人」說的則是剩下兩位王子中其中一位名叫佛蘭森的。這位佛蘭森王子後來成為了法國國王，稱「亨利三世」。為了爭奪權力，佛蘭森一手製造了著名的刺殺事件，他派遣殺手將政敵吉斯公爵兄弟雙雙刺死，使兄弟二人「一睡不起」，這種行為的確算得上是手辣心狠！

◎來源：Sir Gawain, Wikipedia Commons
▲ 查理九世肖像。現保存於法國凡爾賽宮。

©來源：Kaho Mitsuki, Wikipedia Commons

▲ 法蘭西斯二世（左）與妻子蘇格蘭女王瑪麗肖像。

©Eusebius, Wikipedia Commons

▲ 法蘭西斯二世的棺木，位於南特聖彼得與聖保羅大教堂。

除此以外，諾斯特拉達姆斯還在另一首短詩中，預言了凱薩琳早夭長子法蘭西斯其妻兒的命運——

可憐的寡婦，倒楣的兒子。
不幸的婚姻，未成年男子。
破裂的關係，傷心的女子。
（《百詩集》卷十・三十九）

一五六〇年，體弱多病的法蘭西斯離開人世，年僅十六歲。他的妻子蘇格蘭女王瑪麗（Mary Stuart）十分傷心，便返回了蘇格蘭。瑪麗女王返國的舉動使得法國大為不滿，認為這是對法國的蔑視。至此，蘇格蘭和法國的關係逐漸開始破裂。

全部言中！

一時間，諾斯特拉達姆斯在法國風光無二。

當攝政掌權的凱薩琳王后率領皇族大臣們巡視法國全疆到普羅旺斯時，再次召見了諾斯特拉達姆斯。

凱薩琳不知道，這一次訪問將再度造就一個傳奇預言。

在龐大的隨行隊伍中，諾斯特拉達姆斯發現了一位名叫亨利・德・波旁（Henri I de Bourbon）的貴族少年。初次見面，諾斯特拉達姆斯便要求，看看他身上的一顆痣。

這個要求十分冒昧，少年堅定地拒絕了他。然而他不知道，在他熟睡的時候，諾斯特拉達姆斯已經達到了他的目的，並且作出了驚人的預言：「這位少年未來將成為法國的國王。」

聽到的人無不驚駭——這可是大逆不道的話，要知道，當時的掌權者凱薩琳王后還有兩個兒子，王位怎麼會落到這個皇族旁支少年的手裡？

人們把目光投向諾斯特拉達姆斯，他已經六十一歲了，鎮日被病痛折磨的臉龐看起來衰老無比，看來，諾斯特拉達姆斯大師一定是老糊塗了！

儘管這個預言聽起來太不可靠，但依然有一幫忠心的追隨者們堅定地相信諾斯特拉達姆斯的預言，認為「時間會證明一切」。

然而，時間在證明一切之前，卻先熄滅了諾斯特拉達姆斯的生命之火。

一五六六年七月一日，諾斯特拉達姆斯請當地的神父為他舉行了最後的儀式。當他的學生傑維尼向他告別時，諾斯特拉達姆斯對他說：「我再也不會活著見到你了，很快我就會僵硬地躺在椅子與床之間。」

這是這位預言大師生前的最後一個預言——第二天早晨，人們發現了他的遺體，正如他所預言的，他「僵硬地躺在椅子與床之間」。

臨終預言的證實，給諾斯特拉達姆斯的追隨者們打了一劑強心針——誰敢說諾斯特拉達姆斯大師老糊塗！反對派們也開始半信半疑，難道，法國國王的位置真會落入旁支之手？

這一等就是十三年。

一五七四年，亨利三世即位——不是當年諾斯特拉達姆斯言之鑿鑿預測的貴族少年！人們心裡的疑慮被事實驗證，認為這位預言大師終於栽了跟頭。支持者們受到嚴重打擊，而反對派們則幸災樂禍——「這也難怪，上帝也會打瞌睡的嘛！」人們開著玩笑，諾斯特拉達姆斯的預言也逐漸被淡忘。

然而誰也沒想到，僅僅過了十五年，亨利三世被刺身亡，而始作俑者就是他本人——支持吉斯公爵的天主教同盟因不滿吉斯

◎來源：Shakko, Wikipedia Commons

▲ 亨利三世肖像。

公爵被暗殺，便在巴黎發動了政變，亨利三世倉皇出逃，在途中被刺殺。至此，嫡系的王子們全部死於非命，法國王權旁落至波旁家族手中。

當新王亨利四世即位之時，有人忽然想起了那個塵封已久的預言，他們顫抖地把目光投向那個高坐在王座上的人——沒錯，那人正是亨利・德・波旁，當年被諾斯特拉達姆斯預言未來將當上法國國王的少年！

塵封了二十八年的預言，隨著新王的即位再度現世，被遺忘的預言家傳說再度被人們傳頌。這一次，連反對派們都收起了輕視之心，尊敬地稱他為「聖者」——除了上帝的地上代言人，還有誰能夠擁有令人敬畏的預言能力？

隨著時間的緩慢流逝，《百詩集》裡的預言逐一在歷史中得到證實，這本預言奇書不斷再版，四百年來從不間斷。而每次再版，人們總會在他的預言中發現最新應驗的歷史事件。

◎來源：PKM, Wikipedia Commons

▲出身波旁家族的法國國王亨利四世（亨利・德・波旁）肖像。

來自上帝的旨意：《百詩集》

「米歇爾・德・諾斯特拉達姆斯，你驚人的智慧來自於何方？」

「來自上帝。我的所有推測都來自上帝的旨意。」

諾斯特拉達姆斯的崇拜者眾多，他們把諾斯特拉達姆斯稱為「大預言家」，尊為「聖者」，更有甚者，把他視為半神——自古以來，預知未來的能力只有神才有資格擁有，就算諾斯特拉達姆斯是肉身凡胎的人類，那他也一定擁有神的血統。

然而也有反對者。他們是堅定的唯物主義者，認為諾斯特拉達姆斯只是一個普通的法國庶民，鄰居們看著他生於普羅旺斯、長於普羅旺斯，一舉一動都在眾人的眼皮底下，雖然諾斯特拉達姆斯天資聰穎，成長過程卻和普通法國小孩一樣，怎麼會是高貴的神？

可如果不是神，那又怎麼解釋諾斯特拉達姆斯那精準到恐怖的預言？雙方爭執不下，整日吵嚷，有意思的是，這位被時人稱為「先知」的預言大師似乎早就預料到了這點——

幽深夜裡
獨坐於祕密的書齋
黃銅三腳架之上
幽暗的火苗微微閃爍
難以置信的預言誕生了

這是《百詩集》中第一卷第一首短詩。古今中外，著書立說的開篇都應該是提綱挈領的內容，總領全書，然而這首短詩的內容卻淺顯易懂，似乎沒有深入研究的價值。這位譽滿世界的預言大師難道也會犯這樣的錯誤？

當時的法國，除了貴族以外，大多數平民都是不識字的文盲，而從小就接受精英教育、後來又被送到蒙彼利埃大學

©Demeester, Wikipedia Commons

▲ 斯特拉達姆斯曾在法國蒙彼利埃大學接受精英教育。

（Université Montpellier）的諾斯特拉達姆斯，怎麼可能不懂這個道理？

於是，人們打起精神重新研讀。為了更精闢地理解諾斯特拉達姆斯想要表達的意義，研究者們甚至還參考外國著名預言大師的著作和生平，接著他們眼前一亮——寫《聖經》〈啟示錄〉的約翰（Saint John）、寫《乾坤萬年歌》的姜子牙、寫《馬前課》的諸葛亮，作《推背圖》的李淳風、袁天罡……約翰是基督教的聖徒，而諸葛亮、袁天罡等人要麼是道家中人、要麼是佛家中人，而諾斯特拉達姆斯則是虔誠的天主教徒。

這些古今中外的預言家都有一個共同點——他們都是虔誠的信仰者，或許是因為信仰的虔誠而擁有神啟的力量。那麼，這首詩寫的不就是諾斯特拉達姆斯得到神啟的過程嗎？

在幽暗的夜裡，一個人安靜地獨坐在書房中，屏息凝神，去除雜念。在空靈中，似乎聽到了遙遠的來自上帝的聲音……火苗輕微地跳動著，在這神聖而靜謐的氣氛中，一個個難以置信的預言以上帝之口、諾斯特拉達姆斯之手誕生了。

是的，諾斯特拉達姆斯不是神，他只是恰好受到上帝的眷顧，擁有了與造物主溝通的能力，所以那些不是預言，而是上帝願意讓諾斯特拉達姆斯看到並宣之於眾的、將要發生的事實！

這不是單薄的推測，事實上，當年在法國宮廷中流傳的對話也證實了這點。

那時，亨利二世打量著這位凱薩琳王后讚不絕口的預言大師，好奇地問諾斯特拉達姆斯，他驚人的智慧究竟來自於何方。

諾斯特拉達姆斯低頭斂目，一派平靜地回答，他所有推測都來自上帝的旨意。

當時，所有人都以為這只是禮貌性的回答，然而，一旦與這首關於預言誕生的小詩連繫在一起，這個答案就顯得如此貼切——如同一把年代久遠的銅鎖，突然找到了失散多年的鑰匙。人們輕輕一扭，古老的銅鎖便哐噹落下，藏於鎖後的寶藏豔光四射。

讀懂了短詩的人們恭敬地退下，從此以後，這位來自普羅旺斯的先知有了新的稱呼，他們稱他為「神祇的地上代言人」。

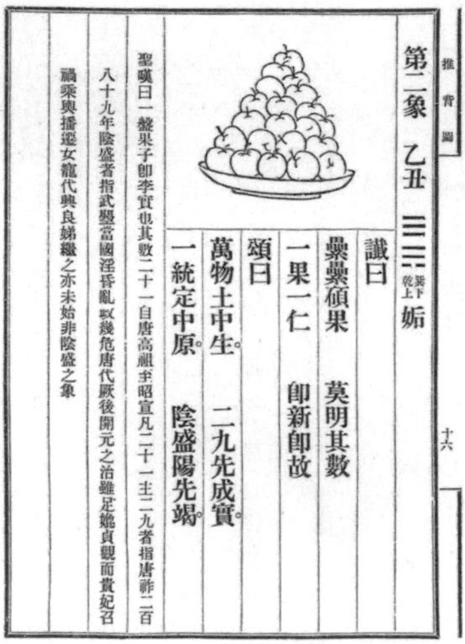

推背圖 十六

第二象 乙丑 ☴☰ 巽下乾上 姤

讖曰

纍纍碩果 莫明其數
一果一仁 即新即故

頌曰

萬物土中生。 二九先成實。
一統定中原。 陰盛陽先竭。

聖嘆曰一盤果子即李實也其數二十一自唐高祖至昭宣凡二十一主二九者指唐祚二百八十九年陰盛者指武曌當國淫昏亂政幾危唐代厥後開元之治雖足媲貞觀而貴妃召禍乘輿播遷女寵代興良娣繼之亦未始非陰盛之象

▲ 唐代天相家李淳風、袁天罡所著《推背圖》第二象（明金聖歎批注之金批本）。

◎來源：Deadkid dk, Wikipedia Commons

▲ 姜太公畫像。明代，王圻（1529~1612）作。

◎來源：Ultimate Destiny, Wikipedia Commons

▲《巴士底監獄》（Prise de la Bastille）。法國畫家Jean-Pierre Houël繪，一七八九年。現保存於法國國家圖書館。

一五六六年，諾斯特拉達姆斯在薩朗（Saran）逝世，然而他的傳奇並沒有因為他的離世而黯淡。隔年，《百詩集》公開出版發行，這部預言書的時間跨度是從他生活的時代一直到三七九七年。在隨後的數百年裡，人們不斷從這本書中發現業已發生的歷史事件，更讓深不可測的諾斯特拉達姆斯再度蒙上了一層神祕的面紗。

輦臺被旋風吹翻
容顏被假面隱藏
此時

新共和國將使自己的人民苦惱
紅白顛倒　國無寧安

這是《百詩集》卷一的第三首詩，然而，在諾斯特拉達姆斯有生之年，這首短詩卻一直沒被破譯，直到一七八九年，也就是諾斯特拉達姆斯去世兩百多年後，人們才恍然大悟。這是一首使用了隱喻、借代等常用文學創作手法的預言詩，講述的正是著名的歷史事件——法國大革命。

一七八九年，法國大革命發生。為解決財政問題，路易十六召開了一百五十年來從未召開過的三級會議[4]，他本來只打算讓第三階級出錢，然而，第三階級與會者卻要求取消封建特權。路易十六大怒，決定殺死這幫大逆不道的庶民。四年後，王軍鎮壓失敗，曾經的國王路易十六被送上了斷頭臺。至此，法國脫離了王權至上的封建時代，進入了共和時期。

當時，封建貴族的交通工具多為馬車，所以在預言詩中以馬車代指貴族，以破壞力強大的颶風指代革命。因此，第一句預言詩就是革命推翻了貴族高高在上的地位；第二句的含意更好理解，隨著起義軍的節節推進，貴族們開始流亡，他們用斗篷和面具遮住自己塗滿白粉的妝容，生怕被發現；第三句則說，人民雖然成功推翻了封建王權，但上臺的執政黨卻大力推行恐怖統治，人們陷入了「令人苦惱的」境地；而「紅白顛倒」一句，則是總結性的話，指的是「紅色的」革命政權推翻了「白色的」波旁王朝，但隨後而來的黨派內訌（雅各賓派、吉倫特派、埃貝爾派、丹東派等）卻讓整個國度失去了安寧。

整個解讀過程行雲流水，答案順理成章，這也得到了全球諾斯特拉達姆斯預言研究者們的公認。然而這個看似完美的答案卻有一個唯一的瑕疵——它沒有注明時間和地點。

事實上，《百詩集》中大部分的預言詩都沒有注明確切時間，其中甚至還夾雜了法語、普羅

◎來源：Ultimate Destiny, Wikipedia Commons

▲路易十六肖像。法國畫家安托萬（Antoine Callet）繪，一七八八年。現保存於凡爾賽宮及特里亞儂公國家博物館。

4 法國中世紀的等級代表會議。參加者有教士（第一等級）、貴族（第二等級）和市民（第三等級）三個等級的代表。三個等級不分代表多少，各有一票表決權。通常是國家遇到困難時，國王為尋求援助而召集會議，因此會議是不定期的。它的主要職能之一是批准國王徵收新稅。百年戰爭時期，為了抵抗外敵，三級會議有權監督政府。十六至十七世紀初，專制王權加強，三級會議的權力被削弱。從一六一四年到路易十六統治時期，三級會議中斷了一百七十五年。一七八九年，路易十六召開了最後一次三級會議，這次會議導致了法國大革命。大革命後，三級會議隨舊制度一併被廢除。

旺斯方言、義大利語、希臘語和拉丁語，而且就像這首預言詩一樣，使用了大量的隱喻、借代等文學修辭手法，使得整部預言集晦澀難懂，難以破解。也正因為如此，目前所有被證實的預言都屬於事後諸葛亮的性質，人們總是在事件發生以後才從《百詩集》中發現了「預言」，從來沒有人能依據《百詩集》在事前就做出預測。

因此，反對派們認為，諾斯特拉達姆斯根本是個徹頭徹尾的投機者，為了享受人們的崇拜，才會使用這種模糊不清的預言方式。這樣做的好處是不會被立即拆穿，並且能夠繼續享受世俗權利。他們把諾斯特拉達姆斯稱為「玩弄

◎來源：Ultimate Destiny, Wikipedia Commons

▲《法國三級會議》（Estatesgeneral）。法國畫家Jean-Michel Moreau繪，一七八九年。現保存於法國國家圖書館。

文字的高手」，而不是「預言家」。

然而，事實真的如此嗎？

實際上，《百詩集》中的確少有標注確切日期的預言短詩，然而也有例外，例如第三卷的第七十七首。因為標注了明確的日期，所以這首預言詩破解得格外順利。

白羊座下的第三種氣候
一七二七年十月
波斯王成了埃及諸王的俘虜
戰爭、死亡、失去
十字架蒙受了巨大恥辱
（《百詩集》卷三・七十七）

一七二七年十月，經過了連年征戰，奧斯曼土耳其帝國終於打敗了當時的波斯王國[5]。波斯

5 也就是奧斯曼——波斯戰爭，當時波斯（伊朗）北部被俄國人占領，奧斯曼土耳其帝國獲勝。

不得不向土耳其乞和。時間、地點、主角、事件，全部吻合。那麼「十字架」和「恥辱」又是怎麼回事呢？經過考證，當時奧斯曼土耳其帝國的宗教信仰是基督教，在此之前，奧斯曼土耳其帝國失去領地，不得不接受了一系列不平條款。十字架就是基督教的代指，而所謂的恥辱就是失去領地和被動接受不平條款的境遇。

這並不是唯一一首被證實的、標注了確切日期的預言詩，還有一首關於法蘭西共和國奧爾良貝利（Jean Duck de Berry）被刺殺的預言詩也標注了具體日期。

佛薩納的主人被割斷了喉嚨
兇手是訓練警犬和靈狗的男子、杜爾柏亞岩的夥伴
正值上星進獅子座　二月十三日
（《百詩集》卷三·九十六）

貝利公爵就是那個「佛薩納的主人」，殺死他的兇手正是在公爵府畜棚訓練警犬的魯貝爾，他是一個共和主義者。而根據占星學推算，刺殺時間正是在「上星進獅子座」的時候，也就是一八二〇年二月十三日。時間、地點、人物、事件，無一錯漏！

同樣注明日期的還有一首預言詩。比起路易十六、拿破崙或者希特勒的預言，它並不那麼為人所知，但是這卻是離我們最近的、業已驗證的預言。

當太陽進入陶魯斯第二十天時，大地發生劇烈震動
龐大的劇場頃刻間化為廢墟
空氣、天空和地面都變得黑暗汙濁
不信神的人們也開始呼叫起了神和聖者
（《百詩集》卷九　八十三）

這段預言主題十分明確，「大地劇烈震動」顯然指的是地震，後面三句都是關於地震時慘狀的描述。

從古至今，世界各地都發生過大地震，這沒有什麼稀奇，可一旦有了「當太陽進入陶魯斯第二十天」這句話，整首預言詩的地位就發生了翻天覆地的改變。在星相學中，「陶魯斯」指的是金牛座，古代太陽進入金牛座的時間是在陽曆的四月二十二日至五月二十一日，而「太陽進入陶魯斯的第二十天」則是五月十二日左右，中國的破譯者洛晉在其所著的《百詩集：諾斯特拉達姆斯

預言全書》[6]一書中指出地震將發生在「某年五月十二日」，但未確定地震的發生地點。

八年以後，中國另一位懂得星相學的《百詩集》破譯者也就此推算過，這一次，這位預言者不僅將地震事件確定在五月十一日前後，還指出了地震的發生地點在中國。儘管古今中外的三位預言者都沒有明確預言地震將發生在哪一年，但月、日卻驚人的統一！

那麼，事實究竟如何呢？

迄今為止，全世界五月十二日發生的特大地震只有一個，那就是二〇〇八年五月十二日，在中國汶川發生的八級強震，在這場空前絕後的災難中，地震遇難者高達七萬多人。是中國近年來破壞性最強、波及範圍最大的一次地震。

©來源：Flickr upload bot, Wikipedia Commons

▲二〇〇八年五月十二日，在中國汶川發生八級強震，人民死傷慘重。

以上三首標注了確切日期的預言詩，距離諾斯特拉達姆斯年代最近的也有一百六十多年，如果諾斯特拉達姆斯只是一個投機者，那麼他怎麼成功預測到百年以後的歷史事件？如果這也是投機取巧，又如何解釋他生前那些業已應驗的預言？

研究者們把目光聚焦到諾斯特拉達姆斯的經歷上——預言也是創作的一種，而創作者的經歷則決定了他的創作風格。諾斯特拉達姆斯遭受過很多次宗教迫害，即使他數次被凱薩琳王后召見，但依然被巴黎警方以「妖言惑眾」的罪名追捕，他成功預言了國王之死，是當時法國上流社會的名士；他擁有大批崇拜者，卻沒有與之相應的法律豁免權——這樣的經歷非常可能讓他之後的預言創作變得小心翼翼，以免惹禍上身。

以法國大革命的預言詩為例，那是發生在兩百多年後的庶民革命事件，諾斯特拉達姆斯看到了，卻不能明確指出，否則，當時還擁有絕對權力的王權會立刻把剛萌芽的庶民意識掐死，庶民將提前遭受滅頂之災。古今中外，沒有任何一個預言家會做出可能改變歷史的預言，將要發生的事件也不容許被提前改變，這是上帝和他們的約定，任何人都必須遵守。

---

6 洛晉著，時代文藝出版社，一九九八年。

末日預言？停止運轉的疲憊太陽

迄今為止，人們已經在《百詩集》中發現了諸如拿破崙滑鐵盧之戰、世界大戰、希特勒崛起等一連串影響世界的歷史事件，一些事件的細節更是驚人的準確，例如，當時尚未出現的美國國名和拿破崙的名字等等。這令人們在驚嘆之餘，也惴惴不安——四百年來，《百詩集》的破譯工作從沒有停止，人們總能在《百詩集》中發現最新應驗的預言，然而隨著預言的破譯，不祥的陰影也逐漸籠罩在每個人的心頭——

災難慘禍接二連三，
當大世紀更新循環，
雨血牛奶飢餓疾病戰亂，
巨物吐著火焰漫天盤旋。
（《百詩集》卷二．四十六）

諾斯特拉達姆斯竟然也提到大世紀！

人們立刻想起了馬雅預言指出「在新紀年裡，變化與毀滅之神將會降臨」。百年前的先知和千年前的馬雅人跨越了時間和空間，說出了相似的單詞，就連預言內容都如此相似……

古馬雅人說「地球在滅亡之前，一定會先發出警告」，諾斯特拉達姆斯也說「災難慘禍接二連三」；古馬雅人提到了「太陽紀」，而諾斯特拉達姆斯也提出了「大世紀」的概念；古馬雅人說「地球會陷入空前的大混亂」，諾斯特拉達姆斯則直接描述了一幅淒慘的景象——「雨血牛奶飢餓疾病戰亂」。

難道，這就是諾氏的末日預言？

這是令人恐慌的猜測。幾乎立刻就有人站出來反對：預言中說的「大世紀」未必和古馬雅人的「太陽紀」相同，並且短詩中並沒有明確提到「最後一個」或者「結束」等與末日相關的近義詞——也許，諾斯特拉達姆斯描述的是未來將要發生的另一場大災難？

但令人失望的是，人們很快就在《百詩集》第一卷中找到了另一首有著強烈的「末日氣息」的預言詩。

月亮的統治已過二十年
七千年另種物體將把王國組建
疲倦的太陽喲
將停止天天運轉
到那時我的預言與威脅
將到此結束
（《百詩集》卷一·四十八）

從末尾可以看出，這是諾斯特拉達姆斯對全書的總結，其重要性不言而喻。由於預言詩中反常地提到了關於地球以外的星球「月亮」和「太陽」，並且明確指出「太陽將停止運轉」，因此研究者們十分重視。而另一個讓研究者們不敢輕忽的原因是，人類已經找到了可證實這一論調的科學依據。

二〇一〇年八月一日，美國NASA拍攝到了一張太陽X光照片，顯示出其右上端黑色弧線區域正噴發出大量帶電粒子。無獨有偶，在這之前，同樣有科學家預計太陽活動將在二〇一二年前後出現異常並達到高峰，那時，大規模的太陽風暴將向地球襲來，而太陽耀斑將以史無前例的規模劇烈爆發，給地球帶來難以估計的磁爆災害，例如火山爆發、地震、海嘯、土石流等自然災變，構成一連串毀滅性的打擊。

在那之後，人類也許將會從世界上消失，地球則回到原始蠻荒的狀態，重新開始。

諾斯特拉達姆斯的創作習慣也為這個論點提供了有力支撐。研究者發現，受到宗教迫害的經歷使諾斯特拉達姆斯酷愛使用隱喻、借代等描述手法，在已破譯的預言中，諾斯特拉達姆斯常常使用「月亮」來比喻即將滅亡的弱小，或代指蠻荒原始的世界。因此，研究學者認為這段預言中的「月亮」完全可以解釋為「毀滅後的地球」，或是「即將毀滅的地球」。

上百萬年歷史的人類將因為太陽變化而與地球一起毀滅——也許，這就是《百詩集》的結局，也是諾斯特拉達姆斯眼中地球和人類的結局，這個結局悲慘

◎來源：NASA, Emijrp, Wikipedia Commons

▲ 科學家指出，大規模的太陽風暴將給地球帶來難以估計的磁暴災害。

無比，宛如地獄。

然而，一切真的無法改變？在面對滅世災難之時，我們只能引頸就戮？有沒有可能，是我們誤解了諾斯特拉達姆斯的預言？又或者，這位大預言家的預言終有失誤？

沒有答案。

諾斯特拉達姆斯的末日預言猶如死亡的陰影，沉沉地籠罩在每個人心頭。二〇一二年末日之期逐漸逼近，各地正法正教的虔誠信徒也在不斷禱告祈求，試圖再度獲得神的眷顧。

未來真能按照人類的意志發展嗎？命運難測，誰也不知道……

第3章 古代超文明：水晶頭骨之謎

印第安人中流傳著一個古老的傳說：
在世界各地，散落著十三個由水晶雕琢而成的頭骨，
它們不僅能說會唱，還蘊含著神奇的力量，
能夠揭示過去與未來的祕密……

命運的安排：祭壇上的水晶頭骨

水晶頭骨現世的這一刻，整個考古工地的人都彷彿被一種神祕力量主宰了。以水晶頭骨為中心的每個人都進入了一種玄妙狀態，這個奇特的頭骨身上彷彿附著了神奇的力量，所有凝神注視它的人都像被吸走了靈魂一樣目瞪口呆。

一九二四年，中美洲貝里斯[1]一帶的熱帶叢林，一支英國考古探測隊正在濃蔭蔽日的叢林裡揮舞大刀斬斷攔路的荊棘、藤蔓，他們已經花了足足一年多的時間重複這件事。考古探測隊的後方是一條完全憑藉人工開闢的小路，上面的腳印已被漫天揚起的灰塵覆蓋，兩旁是堆得像小山一樣高的樹木和枝椏。

帶頭的是弗列德里克．阿爾伯特．米歇爾．黑吉斯（Frederick．Albert．Mitchell-Hedges, 1882-1959），這位來自英國的探險家滿面塵灰，正指揮著探險隊員們把前方無法清除的枝蔓、灌木全部燒掉。這項工作已經重複進行了好多次，隊員們做起來十分熟練。

大火燃燒了幾天幾夜，熾熱燃燒的熊熊火焰點亮了整個天空，接連幾天，這座古老的熱帶叢林四處瀰漫著星星點點的火星。乾枯的灌木被點燃，劈啪作響，就像童話裡不斷吟唱的魔咒，當大火逐漸熄滅，咒語完成之時，這扇叢林之木編織的大門便轟然打開——

一座馬雅古城攜著濃重的遠古氣息，穿越時光而來，出現在人們面前。

所有人都驚呆了。弗列德里克抿了抿乾裂的嘴脣，下令準備接下來的考古挖掘。這是一項歷時漫長的工作。這座古城後來被命名為「洛霸安頓」（Lubaantun），意為「落石之城」。為了揭開這座古城的祕密，弗列德里克的探險隊足足耗費了幾年的時間。

傳說，就在這段時間發生。

那是漫長挖掘工作中的一個平凡下午。熱帶叢林的正午溫度很高，所以探險隊員們通常都在這時候睡覺，等太陽下山或是溫度稍低的時候再出來工作。弗列德里克的女兒安娜（Anna Mitchell-Hedges, 1907-2007）在帳篷裡百無聊賴，她悄悄地走近考古現場，一個人也沒有。安娜的膽子大了起來，小心翼翼地爬上最高點的金字塔頂——如果弗列德里克在場，肯定不允許她這麼做。

正值叛逆期的少女並不知道，這個舉動將為她和她的父親帶來什麼命運。爬上塔頂的安娜剛俯瞰完四周的景觀，就覺得臉龐被熾烈的陽光灼傷了，安娜下意識地偏了偏頭，就在這一刻，命

1 貝里斯（Belize）：中美洲國家之一，也是中美洲唯一以英文為官方語言的國家，在當時是隸屬於英國的領地。

運之神眷顧了她，這一普通的動作註定要被載入史冊——

在偏頭的瞬間，安娜的眼角餘光掃過角落，一束閃爍的微弱亮光吸引了她的注意。安娜眨眨眼，以為自己看錯了，就在她重新凝神朝那角落看去時，那東西又發出了柔和的亮光。

那是什麼？安娜再次凝神看了看，那亮光回應似的又閃爍了幾次。

安娜從塔頂下來的第一件事，就是把這件事告訴弗列德里克。第二天，考古探測隊便開始了針對這座金字塔的挖掘工作。他們用了幾個星期的時間把塔頂的大石塊搬開，一個只容一人通過的窟窿逐漸出現在金字塔外部。

◎來源：Colocho, Wikipedia Commons

▲ 發現水晶頭骨的地點，位於中美洲貝里斯的「洛霸安頓」，意為「落石之城」。

隊員們用繩索繫住安娜的腰，慢慢地把她放下去。金字塔內並沒有危險，安娜很快就出來了。當人們看清她手上用襯衫包裹的物體時，所有人都震驚地睜大了眼睛。

這是一塊渾然天成的水晶，似是模仿人類的頭骨製成，大小和真人頭骨相似，上面有明顯的凹陷，那是它的眼睛，雖然只有上半部分，但已足夠奪目。陽光直直地照射進頭骨深處，反射出許多道炫目的光線，頭骨表面柔光瑩然，晶瑩剔透，卻又撲朔迷離。

◎來源：Alientraveller, Wikipedia Commons

▲ 安娜所擁有的「黑吉斯水晶頭骨」。現收藏於倫敦大英博物館。

整個考古現場陷入了死寂。以水晶頭骨為中心的每個人都進入了玄妙的狀態，這個奇特的頭骨彷彿附著了神奇的力量，所有凝神注視它的人都像被吸走了靈魂一樣目瞪口呆。

同樣陷入奇怪狀態的是當地土著凱卡奇人（Q'eqchi'）。當這些古馬雅人的直系後代們看到水晶頭骨時，難以言喻的熟悉和激動，瞬間像雷電一樣擊中了他們。他們不由自主地流淚、歡笑，跳起舞來。水晶頭骨現世的這一刻，整個考古現場的人都彷彿被一種神祕的力量主宰了。

出於某種難以描述的敬畏，馬雅人特意為水晶頭骨修建了一座祭壇。當天晚上，這裡舉行了盛大的慶典。無數的馬雅人從四面八方趕來，水晶頭骨被放置在一處火堆旁，人們圍著它跳舞、唱歌，還舉行了宗教儀式。

一位特意趕來的老人痴迷地望著水晶頭骨，告訴弗列德里克父女——這個頭骨非常非常古老。

「馬雅祭司說它有十萬年之久的歷史。很久很久以前，有個偉大的大祭司十分受人愛戴，人們為了永久地留住他的正直和智慧而製作了這個頭骨……也許頭骨還會說

◎來源：FlickreviewR, Wikipedia Commons

▲ 隨著隱沒叢林深處的馬雅古城「洛霸安頓」現世，水晶頭骨之謎亦成為世人關注的焦點。

話。」[2]

弗列德里克笑了笑，把老人的話當作傳說故事聽聽便是。第二天早上，緊張的挖掘工作又開始了。三個月後，考古隊在那座金字塔大地下室的祭壇下面，找到了頭骨的下半部分。兩個部分合二為一，這一次，完整水晶頭骨的光芒更加耀眼奪目，人們再度陷入某種奇妙的氛圍……出於對馬雅族人的尊重和感謝，弗列德里克把水晶頭骨贈予了馬雅人。這個頭骨在馬雅人那裡保存了三年，每一天，它都被熊熊燃燒的篝火包圍。

但事情遠遠沒有結束。

洛霸安頓遺址的挖掘工作結束後，弗列德里克決定帶隊返回英國。在離開前夕，他竟然又收到了那顆水晶頭骨——為了回報探險隊提供藥物和食物的幫助，馬雅首領又把水晶頭骨送給了弗列德里克。

多年後，已屆八十之齡的安娜回憶說，父親能從洛霸安頓帶回水晶頭骨，完全是命運的安排。[3]

---

2 摘自*The Mystery of the Crystal Skulls: Unlocking the Secrets of the Past, Present, and Future*, Chapter 2。

3 水晶頭骨的擁有者其實不只安娜・黑吉斯一人，在世界各地出現了許多自稱擁有水晶頭骨的人，這個章節的研究主要是根據安娜所擁有的水晶頭骨而展開。安娜所擁有的水晶頭骨，一般被稱作「黑吉斯水晶頭骨」（The Mitchell-Hedges Crystal Skull）。

如果沒有凱卡奇馬雅族人的支援，弗列德里克連洛霸安頓周邊的叢林都進不去；如果沒有安娜那傳奇的一瞥，水晶頭骨將繼續沉睡；如果沒有弗列德里克對馬雅人的幫助，水晶頭骨將不會出現在世人面前，更不會引發之後的一連串謎題。水晶頭骨的現世更像是命運早已做好的安排，而非偶然。

然而，許多年後的研究者們，卻在漫長的解謎過程中有了更加毛骨悚然的想法：或許當時爬上金字塔頂的根本不是出自安娜的自願，而是這個神祕生命的呼喚讓安娜做出了那個舉動。而它這麼做的原因，就是為了讓人類重視它的告誡——誰知道呢？

難以破解的神祕：科學家眼中的水晶頭骨

水晶頭骨和真人頭骨大小相似，構造完全相同；而從水晶頭骨下方射入光束，光束在頭骨內將發生折射現象，這時，光束會從頭骨的眼睛穿出——眾所周知，人類能夠準確認識自己的骨骼結構是在十六世紀以後的事，而近代光學產生於十七世紀。到底是誰製造了水晶頭骨？又是出於什麼目的製造了它？

水晶頭骨甫一現世，立即吸引了眾多研究者的注意，其中包括考古學家、科學家、歷史學家等等。專家發現，水晶頭骨的大小和真人頭骨幾乎一致。眼、鼻、上下兩排牙齒無不精雕細琢，更令人驚訝的是——它的下巴也和真人頭骨無異，可以上下開合。

經過層層鑒定，專家們發現，水晶頭骨竟然是按照嚴格的解剖學原理所製作。如果這是真的，那麼水晶頭骨將極有可能以真實存在的某個人為原型。專家們立刻興奮起來，這意味著他們可以利用顏面重建技術[4]復原那人的面貌，並從面部特徵上看出水晶頭骨的人種，運氣好的話，

4 即以頭骨為原型，根據肌肉和肌膚與骨骼的附著原理進行復原的技術。

甚至能夠判斷出水晶頭骨的製作時間。

實施這項工作的是曼徹斯特大學藝術和醫學系的醫學、法醫專家理查・尼夫（Richard Neave）。理查從事這一行已經有二十五年了，他的主要工作就是協助警方，讓腐爛的屍體和已經化作白骨的骷髏頭說話——根據骨骼本身的特徵和上面的後天印記來確定受害者的身分，而理查同時也擅長顏面重建技術。

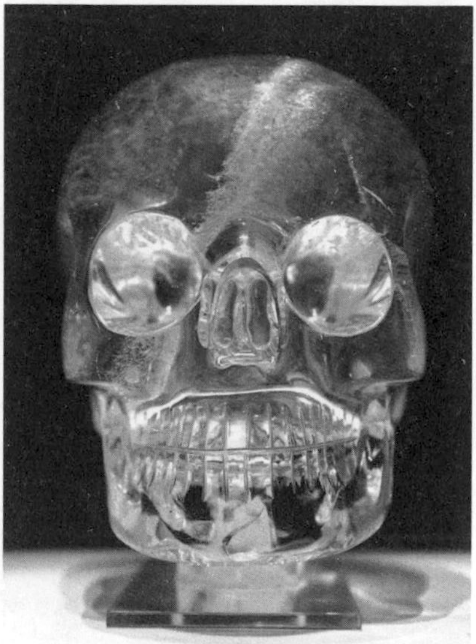

©Chalger, Wikipedia Commons

▲ 大英博物館收藏的水晶頭骨，最早持有人是巴黎古董商尤金・博斑（Eugène Boban）。

理查拿起筆，在紙上繪出圖案，一邊解說真正的頭骨是有性別特徵的，也就是說，可以從骨骼構造看出它屬於男性還是女性。而米歇爾・黑吉斯水晶頭骨的下頜骨前方較圓，眼眶上方的眉骨也十分平坦，眼眶占整張臉的比例偏大……這些都是女性的特徵。

很快，在理查的筆下，一個長著鷹鉤鼻、顴骨高聳、嘴寬唇厚、顎骨強壯厚實的女性臉孔逐漸完整，最後，他做出了結論，認為這張臉肯定不是歐洲人的臉型，而是具有美洲土著——印第安人的面部特徵。因此，他認定這是一個美洲女性土著的頭骨！

得出同樣結論的還有紐約市警察局的法醫法蘭克・多明戈（Frank Domingo）。同樣，他也給水晶頭骨做了顏面重建，復原出的女性臉孔和理查繪製的幾乎一模一樣。

至此，專家們已經完全可以確定水晶頭骨的確是以真人頭顱為模型製作的。也只有以真人頭骨做模型，才能達到這樣的精確度。問題是，人類能夠準確認識自己的骨骼結構是在十六世紀以後的事，距今千年的古人是怎麼準確得知，並且精確模仿頭骨構造的呢？

專家們還在苦思這一問題，新的問題又接踵而來：這顆人為製造的頭骨竟然沒有任何接縫，上面也沒有任何工具打磨後的痕跡。難道這個頭骨竟然是由距今千年、茹毛飲血的古人使用一整塊水晶徒手打磨而成的？這怎麼可能！

疑問接二連三，學者們一頭霧水，但依然秉持嚴謹的科學態度，按照慣例把它交給專業的研究所進行檢測，以確定它的材質和製造年代——儘管真正的水晶擁有不會被侵蝕、腐化，也不會隨著時間變化的特質，從質地本身根本看不出年代，但誰也不認為水晶頭骨是用天然水晶石英[5]打造的。

因為，天然形成的水晶可說是世界上硬度極高的礦石之一。按照莫氏硬度標準（Mohs'

5 石英是地球上最普遍的礦物之一，透明且有結晶者則稱為水晶。此處的天然石英水晶，後文簡稱「天然水晶」或「水晶」。

Hardness），水晶只比鑽石稍微軟一點。就算使用帶有電鑽頭的現代工具，要做出這樣精緻美麗的雕工，至少也需要一年時間。況且，天然水晶根本禁不起使用工具所產生的摩擦和熱力，稍微大一點的震動都會使整塊水晶產生裂痕、甚至碎裂。千年前的古馬雅人，別說帶有電鑽頭的現代工具，就連稍微先進的金屬工具都沒有，他們唯一的工具只有雙手，可是，僅僅用雙手就能征服世界上硬度最高的礦石之一？開什麼玩笑！

儘管所有資料都顯示，古馬雅人在天文、數學上有極高造詣，但眾所周知，他們的日常生活中連輪子都沒有。古馬雅人似乎缺乏使用工具的意識，但水晶頭骨表面光滑、造形唯妙唯肖也是事實。

唯一的可能是，水晶頭骨的原料並不是水晶，而是看起來像水晶的礦石。事實上，看起來像水晶的礦石有很多種，例如一種叫鉛晶質玻璃（lead Crystal，或稱水晶玻璃）的礦石，它是玻璃的一種，並不是水晶，而其硬度也遠遜於水晶，比起打磨天然水晶要容易得多。

◎來源：JJ Harrison, Wikipedia Commons

▲天然形成的水晶是硬度極高的礦石之一，古馬雅人的工藝技術如何能雕琢出構造精密的水晶頭骨？

然而，結果卻令人吃驚。

一九七〇年，針對水晶頭骨的檢測試驗在位於加州薩坦科萊羅（Santa Clara）的海爾萊德派克爾德公司（Hewlett-Packard）的實驗室展開。這家公司是當時世界上領先的電腦硬體設備製造公司。由於他們在電子元件方面廣泛應用水晶，因此他們對水晶這一物質擁有極深刻且全面的研究。

檢測員把水晶頭骨浸入化學溶液裡，盛放的玻璃缸則採用密度、折射指數都和高純度石英相同的材料，以免檢測結果發生誤差。

當頭骨完全浸入溶液中時，意外的情況發生了：頭骨完全融入玻璃缸和溶液中，看起來就跟消失了一樣。檢測員說，這表示頭骨是由純度極高的石英水晶製成的。

隨後，他又把偏振光[6]射向玻璃缸中的頭骨，頭骨上立刻顯示出像面紗似的大片陰影。檢測員解釋，這個現象表明，頭骨所使用的石英是天然的。如果是在特定環境下生產出來的石英，就沒有這些像樹的年輪圈一樣的陰影或細小變化。

這個實驗完全排除了水晶頭骨由其他類水晶材料製成的可能，而紗狀的陰影則進一步確定了水晶頭骨的材質，的確是天然形成的水晶。

至此，人們不得不正視一開頭所提出的問題：難道，千年前的古馬雅人真的沒有求助於任何

---

6 當光波被迫在某一特定的平面上振動時，這樣的光就是「偏振光」。而朝著所有各個方向振動的普通光都是「非偏振光」。

工具，不僅徒手將世界上最堅硬的礦物完美打磨成巧奪天工的藝術品，而且還在製造過程中嚴格遵循了解剖學原理？如果這是真的，那麼，在那個極其落後的時代，這將耗費幾代人的心血？

根據海爾萊德派克爾德的員工雜誌《測量》推測，製作水晶頭骨最可能的方式是用河水和沙子進行長時間的打磨，如果用這種方式製作水晶頭骨，那麼製作時間至少長達三百年！

是什麼目的促使古馬雅人花那麼長的時間製作這樣一個頭骨？其中蘊含了怎樣的用意？這個創造了燦爛文明，後又奇蹟般消失，留下恐怖末日預言和無數難解謎題的民族，窮盡幾代人的心血製作了水晶頭骨，難道只是為了觀賞或是向上位者獻媚？如果只是為了這個目的，又為什麼選擇頭骨，而不是別的意象？

古今中外，頭骨都意味著死亡、黑暗和恐懼。然而，對馬雅人而言，死亡並不是一切的終結，而是一種解脫的方式，只有死亡才能使他們進入祖先和神靈的世界。也只有死亡，才能夠把神給予的生命再度交還。古馬雅人把死亡視作循環往復的自然更替，是天地平衡的方式，也因此，水晶頭骨的寓意則更加高深莫測……

古馬雅人到底想藉由水晶頭骨表達什麼？他們又為什麼會選擇石英水晶作為頭骨的製作材料？

研究人員幾乎立刻聯想到了水晶的物理特性。

製造水晶頭骨的水晶，整體晶瑩剔透，無色而透明，沒有任何雜質和裂隙，說明它是典型的壓電石英[7]。如果把它放在交流變電的磁場中，當交流變電磁場與石英自身頻率匹配，就會發生諧振[8]。

換言之，水晶頭骨可以透過產生壓電來儲存或傳播某種信息。如果水晶頭骨是作為資訊容器而誕生的話，那麼，古馬雅人選擇水晶作原料就完全可以理解了。

此外，水晶還有一項眾所周知的特點：具有極高的物理、化學和溫度穩定性，也就是說，無論在任何環境，石英水晶都不會像其他礦物質一樣逐漸被腐蝕、風化。這個特質將確保水晶頭骨的安全，使它不會在漫長的時間裡被歷史長河所消融，其中的資訊也得以保證絕不損壞。

如果，水晶頭骨真是古馬雅人製造的資訊容器，那就一定會有相應的解讀方式。可是，這個方式究竟是什麼？

---

7 石英的變種之一。具有壓電效應的石英晶體。壓電效應，指某些電介質在沿一定方向上受到外力的作用而變形時，其內部會產生極化現象，同時，在它的兩個相對表面上出現正負相反的電荷。當外力去掉後，它又會恢復到不帶電的狀態，這種現象稱為正壓電效應。當作用力的方向改變時，電荷的極性也隨之改變。相反，當在電介質的極化方向上施加電場，這些電介質也會發生變形，電場去除後，電介質的變形隨之消失，這種現象稱為逆壓電效應。

8 物理的簡諧振動，物體的加速度在跟偏離平衡位置的位移成正比，且總是指向平衡位置的同復力的作用下的振動。收音機利用的就是諧振現象。調節收音機的頻率就是調整收音機內電路的固有頻率。當電路的頻率和空氣中原來不可見的電磁波的頻率相同時，就會發生諧振，這便是我們所聽到收音機中傳出的聲音。

靈異記事簿：通靈者與水晶頭骨的溝通實錄

那個頭骨被一輪輪的光圈籠罩著，盯著看久了就會看見影像。有人聽到了從頭骨裡發出來的聲音，就像有人在輕柔地唱著頌歌。

根據製造水晶頭骨的石英水晶的晶體特性，可以得知它只對光和電起反應。而在這之前，研究人員使用的偏振光等檢測手段並沒有成功解開水晶頭骨之謎。可見電才是解密的關鍵。之前曾提過，「如果把它放在交流變電磁場中，當交流變電磁場與石英自身頻率匹配，就會發生諧振」，可見問題的中心就在於讓水晶頭骨如何發生諧振。

然而科學家嘗試了許多方式，水晶頭骨卻安靜如昔，沒有任何響應。水晶頭骨的探祕工作無奈地陷入了僵局。這時，有人提到靈媒。這個提議剛出現，便引來了嗤笑和斥責——水晶頭骨的研究解密，是嚴謹的科學研究，完全遵守實事求是的法則，這樣嚴肅的研究工作怎麼可能讓不可靠的靈媒插足？然而，支持者們卻自有說辭。

一八五二年，英國坎特伯雷大主教班森（Edward White Benson）在劍橋成立了鬼魂研究社，率先使用科學方法研究「靈學」。在他的帶領下，西方各國靈學大盛，許多國家都成立了專門的靈學研究所。有科學家發現，人每天攝取食物所應產生的熱量遠遠大於人每天所消耗的能量，而多餘的部分能量就是被大腦以電磁波的形式發送出去，換言之，人體本身就是一個磁場，像鬼魂之流的靈體也屬於電磁波的一種。因此，他們認為，靈媒工作的「科學原理」就是，將自己的腦電波調整至與靈體一致，從而與之溝通。這和水晶頭骨產生壓電、傳播資訊的方式何其相似！

首先，與水晶頭骨溝通的是來自加拿大的靈媒威爾遜・卡羅爾夫人（Carole Wilson）。她擅長「讓死人說話」，與靈體溝通。

那時，當地經常出現無法判斷身分、死於凶殺的屍體，由於線索缺乏，警方根本無法追查，於是請來卡羅爾夫人，透過非科學手段取得相關線索。卡羅爾夫人經手的案件，十有八九都能夠破獲，這使她的名聲不僅在靈異圈流傳，就連美、英兩國的警察局都和她長期保持密切的聯繫。

◎來源：Adam sk, Wikipedia Commons

▲ 英國坎特伯雷主教班森在劍橋成立了鬼魂研究社，率先使用科學方法研究「靈學」。

卡羅爾夫人第一次和水晶頭骨溝通是在二十世紀的八〇年代。當她見到水晶頭骨時並沒感覺出任何不同，可當她一坐下來，就覺得自己飄了起來，昏昏欲睡。這時，她在迷糊中聽到有人在說「太神奇了」。

兩個小時後，卡羅爾夫人才醒過來，表明她似乎是在無意識中與頭骨建立某種聯繫，卻在醒來之後完全忘記了。

從這以後，卡羅爾夫人便專心投入水晶頭骨之謎的研究中。十幾年後，她應英國作家馬頓（Chris Morton）[9]和水晶頭骨擁有者安娜的邀請，再度試圖與水晶頭骨「溝通」。馬頓為水晶頭骨製作了一個採訪計畫，由他來向水晶頭骨「提問」，卡羅爾夫人同意了，並且告誡馬頓：「你問的問題必須具體，如果問得含糊不清，就很難得到有用的答案」。

一切準備就緒。

卡羅爾夫人採用的是靈媒們常用的「媒介法」，就是把靈媒本身當作與非物質世界溝通的媒介通道。她表示，「靈魂」是屬於所謂現實世界以外的國度，無形且不可觸摸，在一般狀態下，人類無法感知。但靈媒可以主動改變意識，讓精神恍惚，意識狀態就會發生改變，進入另一種與現實世界完全不同的精神領域，從而與靈體溝通。

換言之，靈媒可以主動改變自己的腦電波頻率，與「另一個世界」的腦電波產生共振，達到與靈體溝通交流的目的。

卡羅爾夫人主動改變腦電波頻率的方式就是自我催眠，她把水晶頭骨放在能轉動的圓桌上，閉上眼睛，調整呼吸，哼起奇怪卻讓人放鬆的小曲，逐漸進入半恍惚狀態。

慢慢地，隨著卡羅爾夫人姿勢和神態的變化，一種靜謐而詭異的氛圍開始充滿整個房間。與此同時，她開始斷斷續續地說話了，在場的人明顯感覺到這不是她本人，而是一個陌生的聲音，雖然使用的仍是卡羅爾的母語（英語），卻十分生硬，聲調也十分奇怪。

這個聲音說，這個精神容器，也就是「水晶頭骨」，出自數千年前一位智士神靈之手，也就是馬雅之前的文明化身。

至於為什麼要使用水晶來製作這個容器，乃因為水晶是有生命的物質，可以透過物質引渡精神。而「他們」的存在和我們人類所說的「身體」不一樣。地球的生命形式還是太簡單，所以，「他們」要賦予自己一個能讓「我們」看得見的物質形式，於是用水晶做成容器，以便讓身處物質世界的「我們」能夠看見、聽見和摸到。至於會製成頭骨形狀，是因為只有這個形狀才能完好無

9 克里斯・馬頓（Chris Morton），《水晶頭骨之謎》（*THE MYSTERY OF THE CRYSTAL SKULLS*）的作者之一，這本極受歡迎的書籍總銷量在全球已突破一億冊，內容是描述馬頓與另一位作者托馬斯（Ceri Louise Thomas）兩人走訪全球各地，解開水晶頭骨謎團的實錄。

損，而且更有益於精神和精神的溝通。

的確，在西方人眼裡，大多認為水晶是溝通物質與精神世界的橋樑，就連吉普賽女巫占卜的工具也是水晶球。而且，水晶頭骨的聲音還提到了「地球」，難道頭骨的製作者不是和我們一樣的人類？

這時的馬頓還不知道，在之後的水晶頭骨探祕中，他會找到一名法醫專家[10]斯諾幫忙鑑定頭骨。而法醫得出的結論將印證他的猜測，「這並不是一個普通女性土著的頭骨，它的牙齒製作得非常精美細緻，但卻不屬於人類——人類的臼齒天然帶有十字形的凹槽，但水晶頭骨牙齒上的凹槽卻是一個X型。」

馬頓自然不知道將來發生的事，他還在認真思考，古怪的聲音卻沒有停歇，繼續借卡羅爾夫

◎來源：Andreagrossmann, Wikipedia Commons

▲ 西方人大多認為水晶是溝通物質與精神世界的橋樑。此為英國畫家渥特豪斯（John William Waterhouse）作品《水晶球》。

人的身體說話。

它說，這個容器中有很多人的精神思想，是思想和知識的結晶……而「你們」自身的原始狀態也是思想體，「他們」的文明起源比業已證實的大西洋時代還要早，如今在海底還埋藏著很多「他們」文明的證據，在比麥尼（Bimini Island）附近已經發現一些了。但未來的五年、十年、十五年，還會有更大的發現。在南美、澳大利亞和埃及的發現會更多，而沙漠裡也蘊藏著許多「他們」的文物……

馬頓知道，水晶頭骨提到的「比麥尼」指的是「比麥尼路」（Bimini Road）[11]。一九六八年，一位潛水者在隸屬巴哈馬（Bahamas）群島的比麥尼島一帶水下幾米深的地方，發現了一道長方形的灰色物體，而隨後的考古探測中，人們發現了巨大的石頭建築群，像是街道、碼頭和倒塌的城牆、門洞等，根據附著在這些建築上的紅樹根化石，考古學者斷定，它們的歷史至少在一萬二千年以上。之後隨著海底考古的進展，人們確實在大西洋附近的海域裡發現了大片深埋的陸地——難道，水晶頭骨所言為真？這太難以置信了。人類的原始狀態是思想體，不是物質，這完全顛

10 克勞德·斯諾（Clyde Snow），美國著名的法醫之一，畢業於奧克拉荷馬市大學。

11 「比麥尼路」（Bimini Road），位於美國邁阿密以東離岸約一公里的三米深水底下，傳說是亞特蘭提斯（Atlantis）遺跡，但地質學家表示，那只是天然形成的岩層。

覆了馬頓以往的認知。如果這個理論成立，馬克思主義和達爾文進化論將完全被推翻。

這個聲音最後說，是精神創造了物質。「你們」最終會明白這一點，只有能夠深刻明白這一點的人，才會了解水晶的技藝……

但如何使用精神創造物質，這個聲音並沒有多說，於是馬頓只能一頭霧水地繼續問其他問題。

這個聲音隨後提到，「他們」之前留下的許多線索，會指引「我們」找到「廟」，所謂的「廟」，指的是地球和其他宇宙體系進行交流的地帶。一旦聚齊了所有容器，就會擁有奇蹟般的知識，光和聲音是開啟的鑰匙，只要產生適當的震動，就會傳遞出「我們」需要的資訊。

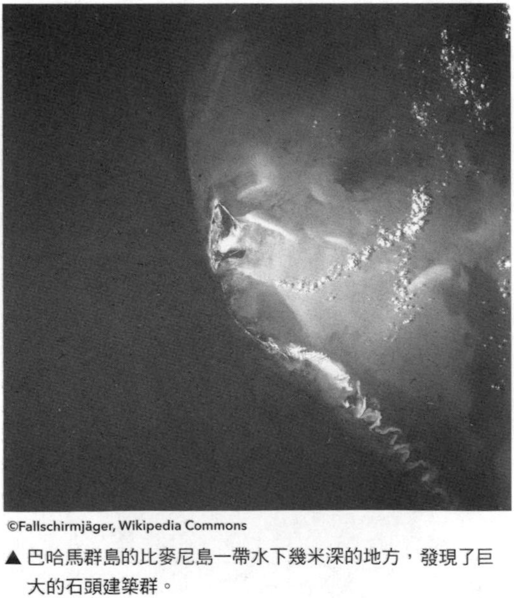

©Fallschirmjäger, Wikipedia Commons

▲巴哈馬群島的比麥尼島一帶水下幾米深的地方，發現了巨大的石頭建築群。

但這個聲音卻說現在還不是時候，因為這些訊息對「我們」來說太過先進，提前知道這些反而會帶來災難。

世界各地散落著十三顆由水晶雕琢成的頭骨，它們不僅能說會唱，而且蘊含著神奇的力量，能夠揭示過去與未來的祕密——這是印第安人廣為流傳的十三顆水晶頭骨傳說，上述的發言除了沒有明確指出頭骨的數量以外，幾乎完全與傳說吻合。

窺視未知的過去，感覺詭異而讓人興奮。馬頓已經完全沉迷其中，便詢問水晶頭骨，「他們」究竟來自哪裡，為什麼要留下這些精神容器？其他的精神容器現在又在哪裡，怎麼找到它們？

水晶頭骨的聲音表示，「他們」留下這些精神容器只是為了傳承知識和智慧，所以沒有去界定「你們」所謂的「地理位置」，只說在陸地上和海洋裡確實散落著許多「他們」的聖物和教義，便結束了這個問題的解答。

之後，水晶頭骨又說了一些話（詳細內容，請見下文〈解讀頭骨預言〉），隨後就說自己要走了，因為它能夠感覺到卡羅爾夫人的身體過於疲憊，已經無法承載它。

又過了一會兒，等這種精神連結疑似中止之後，卡羅爾夫人發出長長的呻吟，癱坐在椅子上，一副精疲力盡的模樣——這反應很常見，大多數靈媒與靈體溝通之後都會精疲力盡，似乎這種行為消耗了他們絕大部分的精力。

不得不說，這次與水晶頭骨通靈所取得的進展遠遠大於「嚴謹的科學研究」，但它所帶來的疑惑也遠遠大於遵循實事求是法則的科學，畢竟，通靈行為本身即充滿了不確定性。

然而，水晶頭骨的另一則通靈記錄，卻讓質疑者們閉上了嘴。

因為這位通靈者是一個徹頭徹尾的知識分子，她是加州大學洛杉磯分校的英文教授，研究北美土著文學和神話學的著名專家，名叫波拉・崗・艾倫（Paula Gunn Allen）。

艾倫教授表示，與那個水晶頭骨交流之時，它說自己叫「展仙」。「展仙」是一種花的名字，是一種生長在寒冷的阿爾卑斯山區的藥用植物。

艾倫教授把頭骨的製作者稱為「人」，但她覺得「他們」不像是「我們」這樣的人，而是另一種人。展仙告訴她，「他們」的壽命很長，有好幾百年，來自一個叫做大西州的地方，那裡現在已經毀滅了。

她看見，「他們」在遼闊的原野上行走，那裡沒有植被，連地衣和苔蘚都沒有，但在她的印象中，那個地方似乎不是陸地，而是海底。最後，「他們」走上一個斜坡……

根據艾倫教授的說法，這些人有高超的修煉之術，透過修行，在身體裡聚集了大量的知識和智慧，再把意識從軀體裡提取出來，最後變成了石頭，但在「他們」的骨頭裡卻留下了關於宇宙的所有知識，不僅有關於銀河系的知識，還有關於其他星系以及其他時空世界的知識。

在卡羅爾夫人與水晶頭骨的交流中提到了「精神容器」的概念，而艾倫教授的這段話則進一步指出了水晶頭骨這種「精神容器」的製作方法——難道這就是水晶頭骨之前所說的「精神創造物質」？這聽起來簡直像神話故事，然而人們卻不敢輕忽。因為艾倫教授提到了一個重要的單詞：大西洲。

大西洲的另一個名字就是亞特蘭提斯，傳說中文明高度發達的古代城市。關於亞特蘭提斯的沉沒地點有諸多說法，其中最廣為人知的就是大西洋，而在卡羅爾夫人與水晶頭骨的溝通記錄裡，也明確提到了人們將在大西洋海底發現新的水晶頭骨。如果水晶頭骨的製作者是來自大西洲，那麼，部分疑問將迎刃而解。

二〇一一年，英國科學家在北大西洋海底發現了古代沉入大海的山脈和河床的地貌化石，透過分析從海底岩石獲取的岩芯樣本，科學家發現其中含有花粉和煤炭顆粒，確定這裡曾是陸地，並且有人居住過的痕跡。科學家認為，這很有可能就是「失落之城」亞特蘭提斯。

如果這個推斷屬實，那麼水晶頭骨的真相將呼之欲出：水晶頭骨的製作者很可能是比人類更

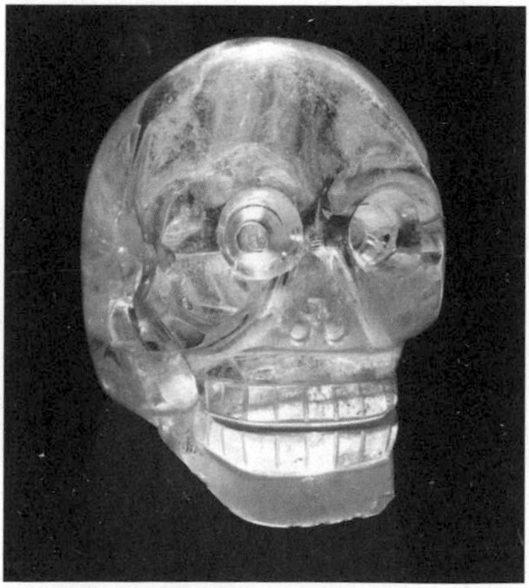

◎來源：Kdkeller, Wikipedia Commons

▲ 位於巴黎布利碼頭博物館的另一個「水晶頭骨」。據說共有十三個頭骨，散落在世界各地，每個被尋獲的頭骨造形各異。

早的亞特蘭提斯文明，比之現在的人類，他們擁有更先進的技術，對地球和整個世界的認知也更深奧，果真如此，那麼它們接下來的警告將至關重要。

「我要告訴你們，你們在社會文明當中錯誤理解並使用了光、聲音和物質，這就是你們為什麼只發現了你們身邊的事物，而無法洞察其他的原因所在。即使到了現在，你們的科學家、政府還在無知地玩弄著光、聲音和所謂的『粒子』及『射線』。終有一天，它們會普降災難給你們。但現在由於這種反應較慢，離你們自身較遠，你們還覺悟不到，總要等到這個星體毀滅的時候，你們才會停下來恍然大悟。」——卡羅爾夫人與水晶頭骨的溝通記錄（摘自《水晶頭骨之謎》）。

◎來源：Comae, Wikipedia Commons

▲一八八二年繪製的亞特蘭提斯地圖。

解讀頭骨預言：來自另一國度的告誡

「我們已經把你們需要的東西留在這個和另外幾個容器裡。我們的知識已經留在裡面了。時候一到，你們就能取得……但我要告訴你們，你們生存的地球內部已經發生了巨大的變化。我們力求把我們告訴你的事情轉達給人類，希望災難會因此而減少。即使無法改變已經發生的一切，至少可以減輕它們的後果。」——卡羅爾夫人與水晶頭骨的溝通記錄。（摘自《水晶頭骨之謎》）

一九八六年，英國發現了首例狂牛症（Bovine Spongiform Encephalopathy，簡稱BSE），之後，狂牛症迅速蔓延至歐洲和亞洲的部分國家。至二〇〇〇年七月為止，在英國已經有超過三萬四千座牧場十七萬頭牛感染此病，病牛大多在十四至九十天內死亡。而誤食了病牛的人則會有一定的機率感染上致命的庫賈氏症[12]。而二〇〇三年，美國更是爆發了前所未有的狂牛症危機，禍及歐洲，乃至全世界。

12 庫賈氏症的全名是庫茲菲德-賈克氏症（Creutzfeldt-Jakob Disease），一種罕見的致命的神經系統疾病，發病率約為百萬分之一，潛伏期為十至十五年，病人在發病後一至二年內死去。

當以上新聞見諸報端時，陷入恐慌的人們並不知道，這其實是已經應驗的預言，而預言者正是黑吉斯水晶頭骨！

讓時間倒流至上個世紀八〇年代，那是卡羅爾夫人第一次和水晶頭骨溝通的時間。事實上，那一次水晶頭骨就已經做出了「牲畜即將大批死亡」的預言，而牠們的死亡原因正是肉骨粉飼餵法[13]——出於私利，肉骨粉加工製行業與政府部門相互勾結，違背了牛的自然餵食方式，導致了這一疾病的盛行。而這僅僅是人類因追逐私利而禍及自身的冰山一角：過度開採石油、濫伐樹木、盜獵、臭氧層空洞……種種現象，怵目驚心。

「將容器製造成頭骨形狀的另一個原因是想提倡一體觀念，降低異體化的可能性。但現在你們還是踏上了異體化的道路。現在，地球上已經發生了許多暴力事件，對人的暴力，對大自然的暴力，對地球的暴力等等，這些都是異體化的結果。可以預見到，異體化會越演越烈……這樣下去，災難和死亡即將降臨。」

這是九〇年代卡羅爾夫人應英國作家馬頓的邀請，第二次與黑吉斯水晶頭骨溝通的記錄。這段話至關緊要，因為其中提到了「異體化」，這是水晶頭骨預言的核心。

從字面上理解，「一體」就是整體的意思，但實際上可能有三種解釋。

一是精神和肉體的一體，這可以理解為物質與精神、靈魂與肉體的關係；二是自我與他人的關係，主要是指人與人之間的相處和互動時的心理狀態；三是人與自然的關係，這有點像莊子天人合一的思想。而異體化就是一體化的反義詞，它象徵的是分裂和對立。

這三種異體化，分別對應了上述的三個暴力：對人的暴力、對大自然的暴力和對地球的暴力——以濫採石油、濫伐森林為例，由於對資源的渴求，人類大肆開採砍伐森林，導致全球越來越多的土地沙漠化；為了爭奪石

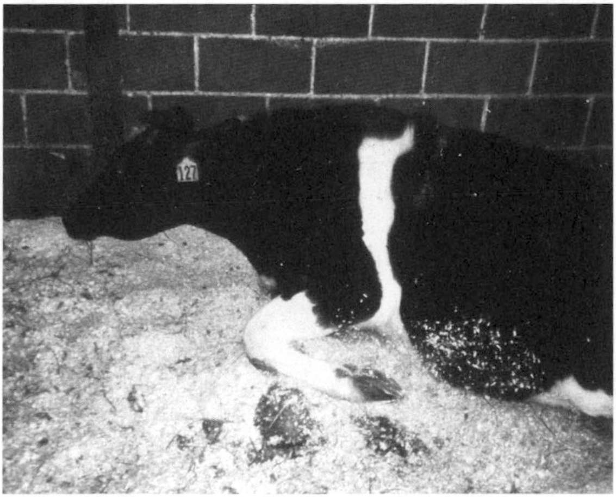

◎來源：BetacommandBot, Wikipedia Commons

▲一九八六年英國發現了首例狂牛症，受到感染的牛隻已無法站立。

13 肉骨粉，使用各種動物內臟等部位製造的飼料。

油資源，人類勾心鬥角，甚至發動戰爭……

類似的事例不勝枚舉，但是，人類依然不斷地重蹈覆轍。

而卡羅爾夫人與水晶頭骨的交流記錄中提到，追求異體化，遲早會毀了「我們」人類自身。

水晶頭骨的聲音還指出，它在「他們」的世界裡都能感受到這種分裂造成的影響，但「我們」人類現在卻感受不到，因為這些事都是「我們」一手造成的。它說，地球正面臨著巨大的變革，天氣會發生變化，和地球有關的一切甚至地球本身都會發生變化。這些變化直接威脅著人類、動物、植物、大氣等等。

之後，災難會接踵而來。

水晶頭骨的聲音說，其實這些災難早就開始了。「我們」會發現地球的人死了很多，長在地裡的東西也發生許多變化，那些以此為生的人或動物也會因此而死亡；還有許多因為「射線」所

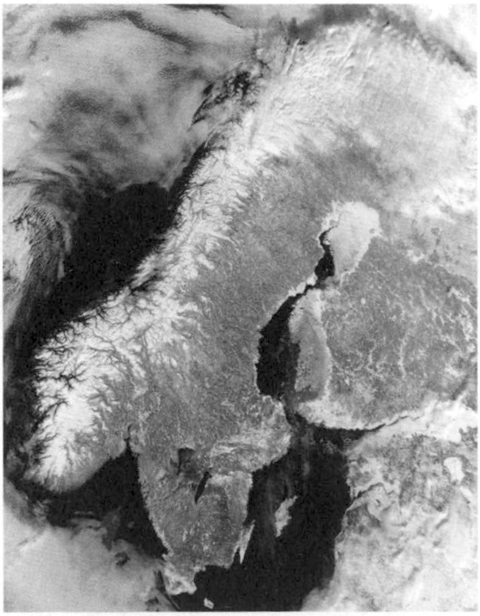

◎來源：Ed g2s, Wikipedia Commons

▲一萬兩千年前發生的最後一次冰河期，使得許多動物死於非命。

帶來的破壞；飛蟲中流行的瘟疫；天氣規律被打亂，大氣層被破壞；風力越來越強……大量牲畜死亡，在不應該漲水的地方漲水，地殼不斷下沉，海洋不斷上升等等。

最後，頭骨還提到，地球將發生巨大的裂變，從地球內部開始。磁場將轉移……實際上，現在就已經開始在轉移，地球將裂變成幾塊，釋放物將流出地表，汙染大氣。

當水晶頭骨做出這個預言時，地球表面的變化還不明顯。然而，現在事實如何呢？人類大量排放氟氯碳化物（CFC），南極上空已經出現了巨大的臭氧層空洞，紫外線輻射量大為增加，地球生態環境面臨嚴重危機；而人類大量燃燒礦物、砍伐並焚燒森林，導致二氧化碳等溫室氣體大量排放，使得全球變暖，冰川融化，海平面上升……

據跨政府氣候變化專家小組（IPCC）預測，到二一〇〇年為止，全球平均氣溫估計將上升大約攝氏一．一至六．四度；而水晶頭骨提到「地球發生的巨大裂變」則更為明確，實際上也已經發生了——據俄羅斯中央軍事技術研究所的儀器記錄表明，地球的北部磁極十年間已經移動了數百米，歷史上的每一次磁極互換都會讓氣候發生重大變化，例如一萬兩千年前發生的最後一次冰河期，就使得許多動物死於非命；如果有人覺得這離我們非常遙遠，那麼還有更近的——二〇一一年三月十一日，日本近海發生九．〇級地震，引發十米高海嘯，並引起核電廠爆炸，正如水晶頭骨所說，它的「釋放物將流出地表，汙染大氣」。

將古馬雅人的末日預言和諾氏預言相比，水晶頭骨的預言更像是概括了地球即將或正在發生的災難，對人類提出告誡，就像一位長者正在諄諄教導頑劣的小輩。

它說，這就是「他們」把這些容器留下來讓「我們」發現的原因。當「他們」意識到無法阻止異體化時，就返回了最初的國度，但依然把自己的精神留給了「我們」。在這個和另外幾個容器裡，「他們」已經將知識結晶留置其中。時候一到，「我們」就會得到。

最後它再次提醒，地球內部已經發生了巨大的變化，希望人類在知道這些後，災難會因此而減少。即使無法改變已經發生的一切，至少可以減輕災害所造成的嚴重後果。

誰也沒想到，起初單純的考古研究，現在也已失控，人們先是被引導著探尋人類本源，苦苦

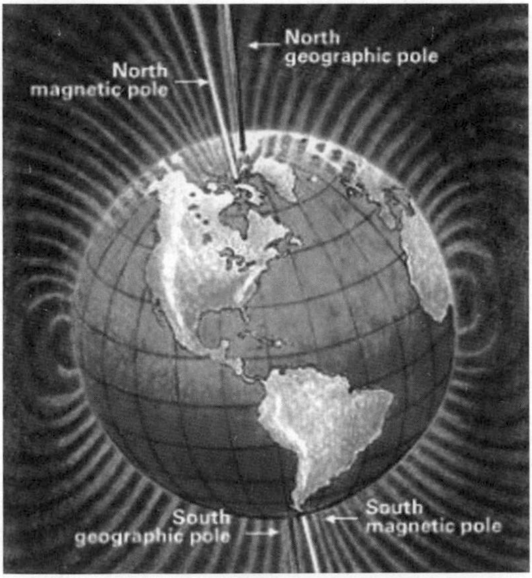

▲地球史上每一次磁極互換都會讓氣候發生重大變化。

思索物質與精神的聯繫，隨後又被水晶頭骨的告誡嚇得膽戰心驚——這的確是告誡而非預言，因為一切正在發生。

整個水晶頭骨的解密過程都沒有採用公認的、正統的「科學研究」方式，但得出的結論卻與正統的科學研究完全一致：如果人類再不改變現有的生活方式，那麼地球很快就會走到盡頭，而始作俑者的人類也將面臨滅亡的命運。

實際上，和水晶頭骨通靈過的還有許多人，他們往往在與之第一次溝通時就看到了相似的場景，和《聖經》、《德雷斯頓手抄本》、《百詩集》裡描述的場景何其相似——

巨大的火山凶猛噴發，火熱的岩漿

▲二〇一一年日本三一一大地震引發海嘯，引起核電廠爆炸，正如水晶頭骨所說「釋放物將流出地表，汙染大氣」。

奔湧而下，濃煙滾滾，淹沒所有的哀嚎和呻吟。城市毀於大地震，海嘯洶湧而來，大量的海水湧上陸地，淹沒了城市。在這場災難中，陸地被撕裂成許多塊，支離破碎地漂浮在海面上……

一切歸零。

古今中外的預言家們做出了無數相似的預言，它們位於遙遠而不可觸摸的未來，然而，只有水晶頭骨所說的一切是我們正在經歷的，這使我們必須以前所未有的鄭重態度對待：我們的錯誤行為正使得賴以生存的地球環境逐漸惡化，如果再不悔改，那麼在不遠的將來，現存的人類文明恐怕將會徹底毀滅……

第4章 人為還是外星人的傑作：奇異的麥田怪圈

神祕怪圈驚現麥田！如此傑作出自誰手？製作者又出於什麼目的？

幾百年來，麥田怪圈之謎從未被解開。

當人們意識到神祕的麥田圈可能與馬雅預言有關時，

唯一一個接近真相的人卻葬身海邊……

末日還是重生？有好多預言的麥田怪圈

二〇〇二年八月，一幅奇怪的麥田圈圖案，出現在英國罕布夏郡溫徹斯特西邊的Crabwood鎮上。

從空中俯瞰，人們發現構圖中有著類似電視顯像的橫紋。更令人驚訝的是，圖案中似乎隱藏了某些訊息。負責破解數據密碼的是數學家暨資訊工程專家保羅．維格（Paul Vigay），他依照美國資訊交換標準碼（American Standard Code for Information Interchange, ASCII）的方式，以逆時針方向、由內而外破譯了麥田圈圖案中的祕密。

以下文字在麥田圈研究領域十分著名，被引用在諸多資料中，據說就是維格所破譯的內容：

要提防信使帶來虛假的禮物和無法兌現的承諾
雖然有很多痛苦，但依然還有時間
要相信仍然有美好的事物

我們反對欺騙
溝通管道關閉中

誰是信使？虛假的禮物與無法兌現的承諾又是什麼？「還有時間」指的是什麼意思？所謂的溝通管道又是何意？

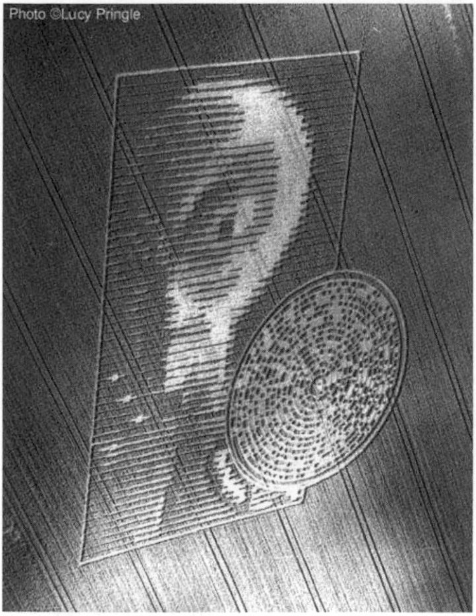

© Lucy Pringle

▲ 二〇〇二年八月出現在英國罕布夏郡溫徹斯特西方Crabwood鎮的麥田圈。

業已解開的密碼仍然撲朔迷離。儘管任何一個人都能讀出其中的擔憂和警告，卻依然無法確切獲取具體細節的資訊。

無法窮竟的臆測逐漸為人們所淡忘。

時隔六年，二〇〇八年七月十五日，麥田怪圈再度出現在英國威爾特郡（Wiltshire）的埃夫伯里莊園（Avebury Manor）。與以往不同的是，這個麥田圈的訊息無需高深的解碼知識，任何接受過大學教育的人都可以輕易解讀，但這並不意味它無足輕重，事實上，其所透露的訊息引起了軒然大波！圖案只隱藏了一個日期：二〇一二年十二月二十一日——在諸多預言中代表毀滅與重生的日期。

這幅圖案描繪了完整的太陽系，中間是太陽，而圍繞在太陽周圍小圓的則是九大行星。圖中漣漪般的大圓圈指代行星們的運行軌跡。內環四條細圈上的四個小圓分別代表水星、金星、地球、火星，外環四條較粗軌道上的四個圓圈則分別代表木星、土星、天王星、海王星，而最外層軌道上那顆孤獨的行星就是冥王星。

但是這不僅是一幅行星運行圖——經過天文學家的推算，當九大行星運轉至圖中所示位置時，時間恰巧是二〇一二年十二月二十一日！

這樣的巧合讓人們又驚又疑。

© JürgenMatern, Wikipedia Commons

▲ 英國威爾特郡的埃夫伯里莊園附近經常發現奇異的麥田圈。

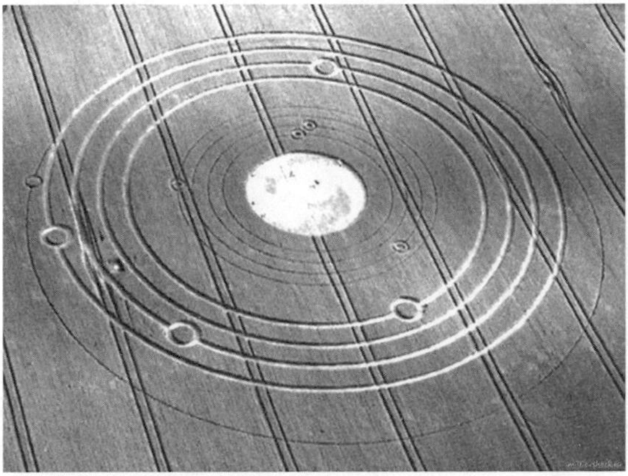

◎來源：mistic-shock.ru

▲ 二〇〇八年出現在英國埃夫伯里莊園附近的麥田圈描繪了完整的太陽系。

◎來源：2012 Australia

▲ 埃夫伯里莊園附近出現第一個麥田圈後一週，又出現了第二個象徵月亮運行軌跡的麥田圈。

一週之後，另一個新的麥田圈再度出現，位置就在第一個麥田圈附近。

第二個麥田圈的圖案更加簡單，一組新的圓形軌道象徵著月亮的運行軌跡。軌道下方還有一些零散的符號。這時立刻有人發現，在那些零散符號中有兩個熟悉的套圈符號——正是各個古文明所通用、象徵太陽的標誌！它透過一條長曲線與另一個圓圈相連，而那個圓圈中還有兩顆更小的星體。

研究者分析太陽在十二月份可能的運行軌跡，發現這兩顆星體位於蛇夫座（Ophiuchus）內，太陽將在十二月十三日靠近它們，而一週之後，太陽將完全穿越蛇夫座，進入人馬座（Sagittarius），在冬至（十二月二十二日或二十一日）這一天到達最南端的冬至點。

經過熟悉馬雅文化的研究者認定，圖中的螺旋狀物體正是古馬雅人代表「創世之神」（又名Hunab Ku）的標誌——連續兩幅麥田圈圖案所蘊含的意義昭然若揭：二〇一二年十二月二十一日，創世之神即將降臨！

「創世之神」是誰？他為什麼要降臨，又是如何降臨？這幅奇特的麥田怪圈究竟與古馬雅人有什麼關係？抑或，創世之神只是一個比喻，二〇一二年十二月二十一日，當第五個太陽紀結束之時，地球將會毀滅，重新創世嗎？

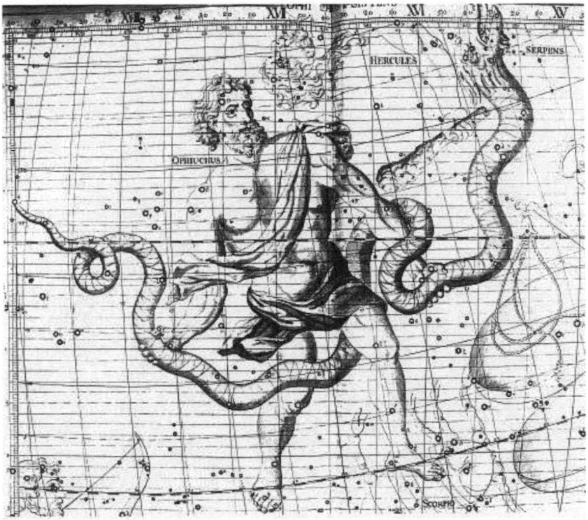

◎來源：Mousse, Wikipedia Commons

▲ 研究者分析太陽在十二月份可能的運行軌跡，發現第二個麥田圈中兩顆星體位於蛇夫座內。

© Arbeworks, Wikipedia Commons

▲ 研究者認定圖4麥田圈圖中的螺旋狀物體，正是古馬雅人代表「創世之神」（Hunab Ku）的標誌。

隨著埃夫伯里麥田圈出現，恐懼、猜疑、驚惶，以及對人類前途的茫然情緒隨之爆發，人們陷入空前的恐慌。而壓倒駱駝的最後一根稻草，竟是那個人的死亡——

二○○九年二月，麥田圈密碼破解者保羅．維格被人發現死於海邊。死因不詳。

雖然當地警方暗示維格的死因是自殺，但他的好友克萊兒（Claire）卻不這麼認為。在克萊兒看來，維格生性極為樂觀，不可能會用自殺手段來結束生命。直到今日，維格的個人網站上依然掛著他所發表的日誌，我們可以從這些日誌清楚了解維格死前的心理狀態：他依然是個樂天派，並且堅持他的研究。

那麼，保羅．維格的死因究竟為何？如果是自殺，會是什麼因素導致這樣一個樂觀主義者的死亡？如果不是，又是誰殺死了麥田圈密碼破譯者？他的死亡是否與那段破譯的密碼有關？如果是，動機是什麼？

一石激起千層浪。有人立刻想起了那段由維格翻譯的訊息，與埃夫伯里麥田圈兩相對照之下，冷汗立即涔涔而下。維格的死訊猶如寡婦的黑色頭紗，為原本奇特靈異的麥田怪圈，蒙上一層恐怖的死亡陰影。而那段謎樣的訊息，也隨著保羅．維格的死亡再度浮現人們的腦海之中——

部分研究者認定，那份解密的訊息中提到「雖然有很多痛苦，但依然還有時間」一句，指的一定是世界末日的到來，而「美好的事物」則暗含《聖經》的教義與水晶頭骨告誡的「一體化」思想，可是「信使」、「虛假的禮物」與「無法兌現的承諾」又是指什麼呢？

一連串的疑問連珠炮似的冒出來，但卻無人可以解答。

於是，保羅・維格的死亡成了諸多懸案之一，雖然當地警方認定他死於自殺，但仍無法說服他的親友，因為當時維格原已排定了演講行程，工作、生活也無異狀，加上友人對其性格的了解，認定他不可能自我了斷生命，這一切都為維格的死亡蒙上了猜測與靈異的詭異陰霾。

「麥田圈末日」的預言並未因為保羅・維格事件的落幕而結束，反而隨著二○一二年的到來越演越烈，益發詭譎。

二○○九年六月十二日，神祕麥田圈再現英國威爾特郡。這一次，麥田圈出現在耶茨伯里[1]。這個麥田圈圖案長約一百二十米，構圖是一幅帶有濃厚神話色彩的「鳳凰涅槃」。鳳凰是中國古代神話中的神獸，擁有「不死不滅」的特性，關於鳳凰浴火重生的故事流傳了上千年。而麥田圈專家卡倫・亞歷山大（Karen Alexander）[2]也證實了這點，評論道：「鳳凰具有

1 耶茨伯里（Yatesbury），位於威爾特郡卡恩鎮和莫爾伯勒鎮之間的A4公路以北約一英里。

2 卡倫・亞力山大研究麥田圈多年，身兼演說家和作家，一九九九年出版Crop Circle Year Books，並在二○○六年與史帝夫・亞歷山大（Steve Alexander）合著Crop Circles: Signs, Wonders, and Mysteries。（資料來源：http://www.summerlectures.co.uk/about/）

神話色彩，在許多國家都代表了重生和新時代到來的文化意涵。」

持相近觀點的還有《推背圖》的研究者們，不約而同地提出了他們的觀點：中國唐代預言《推背圖》第五十二象的「乾坤再造在角亢」。「乾坤再造」與「鳳凰涅槃」意義相近，都有「死後重生」之意，「角亢」則是指中國星象中的東方青龍七宿，寓指龍年，而二〇一二正是龍年！

卡倫・亞歷山大同樣證實了這一觀點，「……許多研究麥田怪圈的人都認為，麥田圈指向二〇一二年十二月二十一日及此後未知的世界。這可以解釋為人類或地球將在經歷里程碑事件後重生。」

至此，麥田圈預言已被破譯了一半，

◎來源：http://my.opera.com/sanyasins/albums/showpic.dml?album=796939&picture=10805802

▲出現在耶茨伯里的麥田圈「鳳凰涅槃」。

◎來源：Walter Grassroot, Wikipedia Commons

▲ 鳳凰是中國古代神話中的神獸，擁有「不死不滅」的特性。（明朝胡文煥著《山海經圖》）

但這樣的結果卻令人喜憂參半。

喜的是，地球的確會在某個時間點經歷某個「里程碑事件」後「重生」（時間點或許就是二〇一二年十二月二十一日），但讓人惶恐的卻是人們依舊不明白「里程碑」事件究竟是什麼，所謂的「重生」又具有怎樣的含義？中國古代神話裡的鳳凰在達至涅槃以前必先經歷死亡，這是否意味著地球的重生也將經歷驚天動地的浩劫？

惶恐的質問迴蕩於清冷空氣中，無人應答。

死亡並不可怕，但是對時刻懸在頸邊的死神之鐮不知何時會落下的未知，卻足以把人逼瘋。已經站在食物鏈頂端的人類並不甘心束手就擒，如同溺水之人，在沒入水面的最後一刻，仍然試圖尋找救命的浮木——麥田圈的真相！

破解！麥田圈密碼

麥田圈，英文為「Crop Circles」，意指出現在農作耕地上的神祕圖形。據說，世上的第一個麥田圈已不可考，而最早提到麥田圈的文獻出現在一六七八年英國赫特福德郡的地方報，插圖描繪了「割草的惡魔」；有確切書面證據的麥田圈則出現在一九七二年[3]：整齊劃一的麥田裡，一部分農作物依循同一方向逆時針倒伏，井然有序，倒伏的農作物首尾相接，形成了一個巨大的圓圈。

第一個麥田圈的出現彷彿吹響了奇異的號角，之後幾百年裡，世界各地頻頻驚

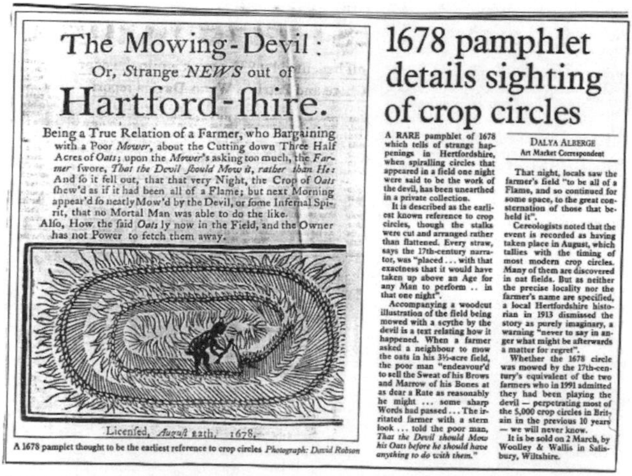

The Mowing-Devil: Or, Strange *NEWS* out of Hartford-ſhire.

Being a True Relation of a Farmer, who Bargaining with a Poor *Mower*, about the Cutting down Three Half Acres of *Oats*; upon the *Mower*'s asking too much, the *Farmer* ſwore, *That the Devil ſhould Mow it, rather than He*: And ſo it fell out, that that very Night, the Crop of *Oats* ſhew'd as if it had been all of a Flame; but next Morning appear'd ſo neatly Mow'd by the Devil, or ſome Infernal Spirit, that no Mortal Man was able to do the like.

Alſo, How the ſaid *Oats* ly now in the Field, and the Owner has not Power to fetch them away.

Licenſed, *Auguſt* 22th, 1678.

A 1678 pamplet thought to be the earliest reference to crop circles *Photograph: David Robson*

1678 pamphlet details sighting of crop circles

DALYA ALBERGE
Art Market Correspondent

A RARE pamphlet of 1678 which tells of strange happenings in Hertfordshire, when spiralling circles that appeared in a field one night were said to be the work of the devil, has been unearthed in a private collection.

It is described as the earliest known reference to crop circles, though the stalks were cut and arranged rather than flattened. Every straw, says the 17th-century narrator, was "placed ... with that exactness that it would have taken up above an Age for any Man to perform .. in that one night".

Accompanying a woodcut illustration of the field being mowed with a scythe by the devil is a text relating how it happened. When a farmer asked a neighbour to mow the oats in his 3½-acre field, the poor man "endeavour'd to sell the Sweat of his Brows and Marrow of his Bones at as dear a Rate as reasonably he might ... some sharp Words had passed ... The irritated farmer with a stern look ... told the poor man, *That the Devil should Mow his Oats before he should have anything to do with them.*"

That night, locals saw the farmer's field "to be all of a Flame, and so continued for some space, to the great consternation of those that beheld it".

Cereologists noted that the event is recorded as having taken place in August, which tallies with the timing of most modern crop circles. Many of them are discovered in oat fields. But as neither the precise locality nor the farmer's name are specified, a local Hertfordshire historian in 1913 dismissed the story as purely imaginary, a warning "never to say in anger what might be afterwards a matter for regret".

Whether the 1678 circle was mowed by the 17th-century's equivalent of the two farmers who in 1991 admitted they had been playing the devil — perpetrating most of the 5,000 crop circles in Britain in the previous 10 years — we will never know.

It is be sold on 2 March, by Woolley & Wallis in Salisbury, Wiltshire.

◎來源：http://www.cfz.org.uk/Archiving/General%20Forteana%2017/?sortby=2

▲最早提到麥田圈的文獻出現在一六七八年英國赫特福德郡的地方報，插圖描繪了「割草的惡魔」。

現怪圈。迄今為止，每年大約出現二百五十個圖案各異的大型怪圈[4]，絕大多數在麥田中出現，「麥田圈」之名即由此而來。驚見此狀的農夫不知所措，更不知道是何人所為。如果是惡作劇，為什麼只有部分作物倒伏？如果不是，是誰製造的？又為什麼要利用麥田繪製這樣巨大、只有從空中俯瞰才能發現的圖案？

沒有人知道真相。因為麥田圈所挾藏的恐怖訊息而無法安眠的人們，誓言找出「罪魁禍首」，以求安寧。

一九八九年六月，展開了第一次有組織地「抓捕」麥田圈製作者的行動！這次行動由科林・安德魯（Colins Andrew）、帕特・德爾加多（Pat Delgado）和巴斯提・泰勒（Busty Taylor）三個人策劃和發起。

此次行動被命名為「白鴉行動」（Operation White Crow）。這支研究團隊由二十五人組成，至少四人一組，二十四小時不間斷地觀察麥田。為了不引起製作者的注意，安德魯特地把指揮中心設置在麥田附近的一輛箱型車上，這輛車配有低亮度且高解晰的照相設備，足以清楚地拍攝麥田

3 當時的目擊者有兩位，分別是Bryce Bond 和 Arthur Shuttlewood，也是首次被紀錄的麥田圈目擊者（http://www.cropcirclesecrets.org/crop_circles_early.html）；在《麥田圈之謎》一書裡，則認為一九八〇年在《威爾特郡時報》上的一篇麥田圈報導才是最早的。

4 全球有超過八千個紀錄在案的麥田圈，大部分出現在英國。

附近所有場景。

然而，狡猾的麥田圈製造者似乎察覺到安德魯等人的行動，儘管附近地區多次出現過麥田圈，但安德魯等人在附近苦守了十天，卻什麼也沒發現——沒有發現奇怪的人，也沒有新的麥田圈出現。

就在安德魯以為將無功而返時，一個反常現象卻引起了他的注意。

安德魯等人在麥田的上空拍到一些異常的亮光。大衛・斯圖亞特（David Stuart）用三十五釐米的膠卷拍下了那亮光的照片。

拍攝當時天氣晴朗，光線十分充足，研究人員判斷那不可能是太陽、月光或星光之類的天體，經確認也不是飛機。

那麼，這個異常的亮光是什麼？

◎來源：http://www.colinandrews.net/Cheesefoot-Hd-Lights.html

▲ 在白鴉行動中拍攝到的模糊亮光照片，已經過處理放大。（David Stuart攝）

所有人心中的答案都指向了某種推測，但卻因為缺乏證據而無人提起。

白鴉行動就此收場，唯一的收穫就是那奇異的亮光。

雖然並沒有任何實質性的進展，但白鴉行動在麥田圈研究史上的意義卻毋庸置疑：它開創了研究人員蹲點觀察麥田圈的先河，影響之後麥田圈研究成果的突破。

一九九一年初，英國威爾特郡數月內連續出現十幾個麥田圈。其中最有名的就是這個長約一百二十米，由圓圈和爪狀附屬圖形所組成的麥田圈，幾名天體物理學家認為「這個怪圈絕對非人為，很可能是來自天外的資訊。」見過幽浮（UFO）照片的科學家也十分贊同，「小麥倒地的螺旋圖案很有可能是幽浮滾過所形成。」

在白鴉行動的啟發下，有兩位名叫邁克・卡利（Mike Carrie）和大衛・摩根斯敦（David Morgenstern）的科學家決定加以效法，他們親臨實地蹲點，以求解開這個謎團。

一九九一年六月四日，以卡利和摩根斯敦為首，共六名科學家組織探測隊，針對威爾特郡麥田圈展開研究行動。他們在附近的摩根山（Morgans Hill）山頂上建立一座指揮站，裡面設有一整排電視螢幕，分別連接著攝影機，對山腳下的麥田進行三百六十度全方位監視。這些儀器包括夜間觀察儀器、錄影機、定向傳聲器等等，整個探測隊所攜帶的高科技儀器總價值高達十萬英鎊。

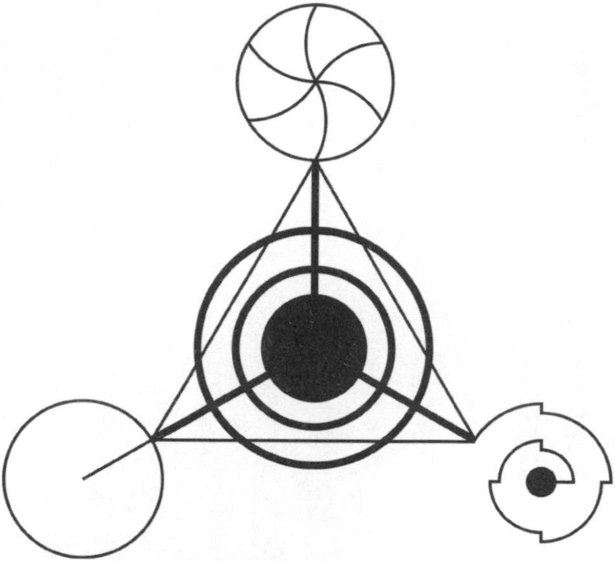

© sarang, Wikipedia Commons

▲巴布里城堡麥田怪圈分析圖。全長約120米，由圓圈和爪狀附屬圖形所組成。

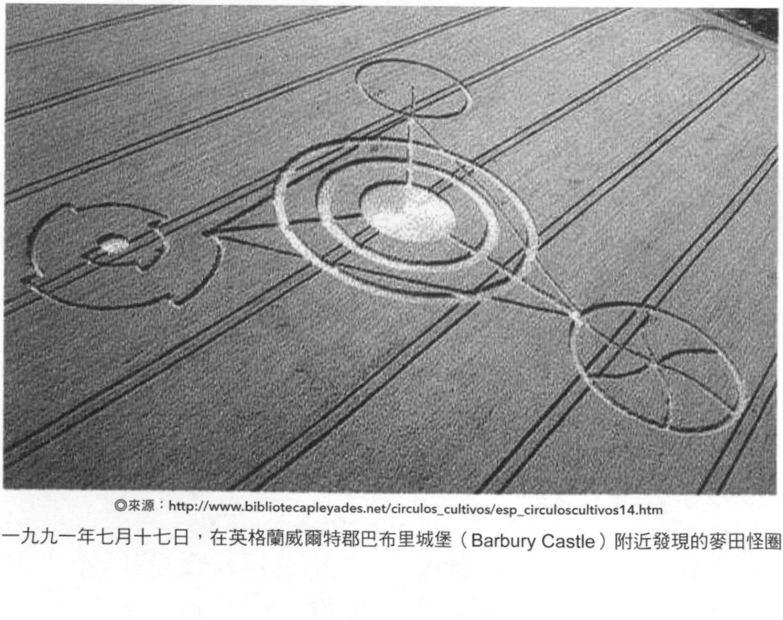

◎來源：http://www.bibliotecapleyades.net/circulos_cultivos/esp_circuloscultivos14.htm

▲一九九一年七月十七日，在英格蘭威爾特郡巴布里城堡（Barbury Castle）附近發現的麥田怪圈。

然而，他們滿懷希望地等了二十多天，始終沒有捕捉到什麼反常情況，山腳下也沒有新的麥田圈出現。難道製作者已經知道了他們的意圖，所以不再製作麥田圈了嗎？就在邁克等人倍感失望、打算撤守之時，發生在次日清晨的事件卻讓他們大為振奮！

六月二十九日凌晨，大霧。整塊麥田籠罩在一團霧氣當中，從監視器裡只能看到一片白茫茫的霧色。邁克等人並未在意，待迷霧散去，他們進行例行檢查時，令人震驚的一幕出現了——

原本整齊的麥田裡赫然出現了兩個麥田圈！

為了防止人為的弄虛作假，探測隊已在麥田邊緣安裝了紅外探測器，這種感應式探測裝置專門用於探測入侵者的行為及各種異常情況。任何東西一經過紅外線都會觸動警報器。但是警報器整夜都安靜無聲。

大霧能夠影響視線，難道也會影響到紅外線探測器？這簡直是天方夜譚！研究人員震驚之餘，立刻攜帶儀器下山勘察。

首先是用肉眼觀察外形。這兩個圓圈裡的小麥完全被壓平了，並且為順時針方向的漩渦形狀。倒伏的小麥麥稈雖然彎曲，但並沒有折斷，圓圈外圍的小麥則絲毫沒有受到影響。

其次是排除人為因素。雖然紅外線探測器並沒有發出警報，卻也不排除有人利用紅外線掃描的死角偷溜進去。本著嚴謹的科學態度，科學家們再次對麥田周圍進行勘察，卻一無所獲：麥田周圍的土地十分泥濘，一旦有人或動物走過，勢必會留下腳印，然而麥田周圍卻沒有任何足跡。也就是說，沒有人或動物進入過麥田，就連錄音帶和錄影帶也沒有錄到任何線索。

聯想到之前安德魯在麥田上方拍攝到的神祕白光，難道麥田圈的出現真非人類所為？

儘管沒有任何有力證據，但種種跡象都使研究者們的推測朝向不可思議的方向發展。

一九九七年初夏，麥田怪圈再現美國奧勒岡州。這一次，麥稈上出現了許多小洞。這似乎是某種提示，科學家們對這些

© Andrew Smith, Wikipedia Commons

▲ 威爾特郡摩根山擁有寬闊地勢，科學家選擇在此建立觀測站，研究麥田圈的成因。

小洞進行檢測，立刻發現了其中的奧妙：麥田圈和周圍的土地上有一些人眼無法看到的磁性粒子，由內至外分布，離麥田圈中心越遠，顆粒越少。

磁性粒子的出現提醒了科學家，隨後，每當各地有新的麥田圈出現，研究人員都會對其進行相關檢測，結果出現驚人的一致性：許多麥田圈裡的泥土都含有非天然放射性同位數的微量輻射，圖形自內而外的輻射量增強約三倍！

這絕非人力所能做到！再想想白鴉行動中拍攝到的白光，難道神祕的麥田怪圈真的與外星來客有關？就在人們對「外星人製作麥田圈」的可能大加討論時，意外的事情卻發生了。

一九九一年，兩名英國老人向媒體爆料，表示那些麥田圈都是他們的作品。他們製作麥田怪圈已有十三年，直到退休為止，已經製造數百個麥田圈。他們還說明製作麥田圈的方式，即用木板壓平農作物。

這樣驚人的爆料，無疑是對麥田圈研究投下一顆震撼彈。就在輿論一片譁然時，一些年輕人也站了出來，承認自己製造了麥田圈。他們的理由是：因為人們一看到麥田圈就認為是外星人的傑作，讓他們覺得非常有趣，於是投入製作。

這段採訪一公布於世，頓時引起莫大爭論。就連國家地理頻道「奇聞大揭祕」系列節目也曾播出所謂的「麥田圈真相」：由一組科學團體在五個小時內，壓製出龐大複雜的麥田圈圖案。

節目播出後在各地引起了巨大迴響。有人相信麥田圈的真相就是一場驚世鬧劇，是「一群無聊者的惡作劇」。

然而，科林・安德魯經過長達十七年調查所彙整的資料卻徹底推翻此一觀點：八十%的麥田圈的確可能是人為製造，但卻仍然有二十%麥田圈的產生，無法以常規科學解釋。

以上述事例為例，假設「製造者」們所言為真，那麼他們最少都要精通繪圖和幾何學，製作時還必須非常謹慎小心地行動，以免驚醒牧羊犬和農場主人，而且不能有任何失誤！某些麥田圈裡的麥子並非單純地朝同一方向倒下，而是一棵壓著一棵，彷彿一條巨大的辮子，如果僅用兩位老人所稱「用木板壓平農作物」的方式，顯然很難做到。況且，這還僅僅是肉眼所能見到的工作，更重要的是，人為製作技術根本無法讓麥田圈範圍內的土壤和小麥內部發生磁場反應！至於「奇聞大揭祕」所播出的節目，的確證實了人力也能夠製作麥田圈，卻無法解釋許多麥田圈是如何在無光的條件下，僅用半小時就能形成包含複雜幾何圖形的巨大圖案。

一旦去掉了人為的可能性，真相便呼之欲出。在那段由保羅・維格破譯的謎樣話語中，如果「虛假的禮物」是指那些自稱麥田圈作者的人和偽造的麥田圈，那麼無法兌現的承諾則明顯意指偽造麥田圈所夾帶的訊息。在這段訊息中，人們甚至可以讀到「我們」對這種欺騙態度的「反對」。

此後問題接踵而來：話語中的「信使」是誰，是否與「我們」是同一個人？在麥田圈中隱藏末日訊息的作者到底是誰？如果不是人，那麼「他」又是什麼，鬼靈、精怪還是外星人？

距離真相只有一步之遙，瀕臨絕望的人類猶如即將被煮熟的青蛙，將全身力氣一搏，只求躍出沸水，逃出生天！

◎來源：Handy Marks, Wikipedia Commons

▲ 奇異的麥田圈形狀繁複，佔地廣大，在不破壞麥稈的情況下，實非人力所能輕易製造。

製造麥田圈的真正主謀？

二〇一〇年七月六日，英國威爾特郡馬爾伯勒市一名警官在開車路過西爾貝里山區一片麥地時，震驚地看到麥田中出現一個新的麥田怪圈，而附近竟站著三名身高超過一百八十公分的「金髮外星人」，他們正在製作麥田圈！

這不是科幻小說的情節，是真實發生的事件。二〇一一年，根據英國某媒體報導一份解密的幽浮檔案，詳細記錄了此事，目擊外星人的是英國威爾特郡馬爾伯勒市一名警官，新聞並未披露其姓名。

英國威爾特郡是世界上出現最多麥田圈的地方，當地警方早已經見怪不怪。所以那名警官在發現新的麥田怪圈時並不特別驚訝，就在他準備離開時，目光忽然被吸引住了——

「在麥田圈附近，站著三個身材高大的人形生物。」

起初，警官以為那三人是自己的同行，因為「他們全部都穿著白色外套」，於是便下車向他們走去。然而隨著距離拉近，他大驚失色：這三個「人形生物」外形與一般人類迥異，很可能就是傳說中的外星人！

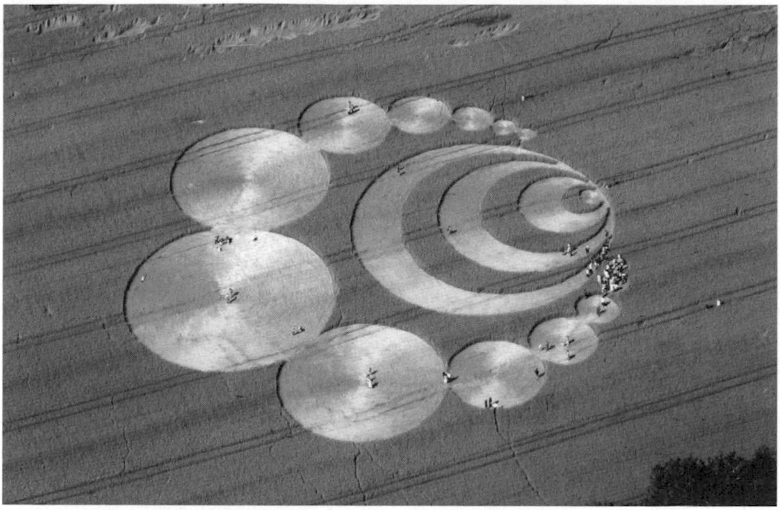

◎來源：Jabberocky, Wikipedia Commons

▲ 麥田圈的製作者究竟是誰？天外來客現身的目的到底為何？

當警官更進一步接近那三個外星人之後，他聽到麥田中傳來一陣「滋滋」作響的靜電噪音，傳遍了整片麥田，周遭的小麥也彷彿通電了似的，隨之晃動。

「三個外星人似乎正在用某種鐳射發射裝置對這個麥田怪圈進行最後的修改。」該警官回憶道，「我衝著三個外星人大聲喊叫，一開始他們還沒注意到我，甚至沒有瞥我一眼。然而，當我試圖走進麥田裡時，他們突然向天空望去，然後開始快速奔跑，速度奇快，比我所見過的任何人都要快，我本來跑得也不慢，但他們實在太快了。我只分神向周圍環境望了一秒鐘，但當我扭頭再看時，那三個神祕的外星人已經消失不見了！」

這是諸多幽浮檔案裡認可程度較高的一份。經過仔細調查，國際圓圈現象研究中心（International Circle Phenomenon Research Institute）的創始人科林・安德魯也認為這件事非常有說服力，「我對這名警官說的話深信不疑，他那天遇到了一些極不尋常的事情，而我們還沒有完全弄清楚事情的真相。」

這一發現讓麥田圈研究者們興奮不已，這意味著停滯多年的麥田圈研究終於跨出了歷史性的一步——麥田圈的製作者現身了，他們就是神祕的天外來客！

無疾而終的麥田圈預言

當二〇一二年反覆在馬雅預言、麥田圈、《推背圖》、《聖經》等數部經典預言中重現，世界末日似乎已經不可避免，那麼前路又在何方，人類又當何去何從……

所謂的真相業已水落石出，然而瘋狂掙扎的人類卻不得不絕望地偃旗息鼓。這麼多年的探索，結局竟然是遙不可及的外星來客。即使在科技昌明的今天，面對未知的外星文明，人類亦無能為力。原以為極力探知真相，可以逃脫宿命的枷鎖，卻在掀開了最後的面紗之後，愕然發現頸項上的套索早已牢牢收緊，僅餘一點空隙……

隱含著末日訊息的埃夫伯里麥田圈其謎樣的話語再度穿越時空而來，保羅・維格帶著潮濕水氣的聲音迴蕩在清冷空寂的空間裡。

是的，「依然還有時間」，這是不是意味著人們依然有扭轉結局的能力，而「相信仍然有美好的事物」則是其中關鍵？類似的寓意在水晶頭骨的告誡中亦曾提及，當人們心懷美好之時，末日是否便永不來到？

帶著不甘心的虛弱疑問迴蕩在縹渺宇宙間，無人相和。無論如何，二〇一二的大限已經迫在眉睫。地球將度過馬雅預言中的最後一個太陽紀，《推背圖》當中的「乾坤再造之年」。當世界末日無法避免，被迷濛大霧籠罩的前路也越發撲朔迷離，當人類面對未來不知何去何從，唯一的辦法也許便是抓住那些仍然「美好的事物」……

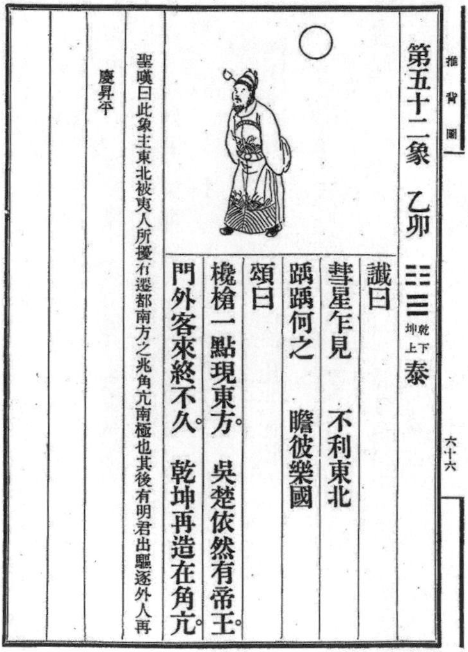
推背圖

第五十二象 乙卯 ☷☰ 坤上乾下 泰

讖曰

彗星乍見 不利東北

踽踽何之 瞻彼樂國

頌曰

欃槍一點現東方。吳楚依然有帝王。

門外客來終不久。乾坤再造在角亢。

聖歎曰此象主東北被夷人所擾有遷都南方之兆角亢南極也其後有明君出驅逐外人再慶昇平

六十六

◎來源：http://www.epochtimes.com/b5/5/2/1/n800377.htm

▲ 唐代預言《推背圖》第五十二象的「乾坤再造在角亢」。

第5章 無法兌現的承諾：《聖經》的末日審判

末日來臨的凶兆接二連三出現，世界末日正在不斷逼近。

是奮力抗爭，還是安然俯首？

人類的命運是千年前業已譜寫的歷史，

抑或能夠提前預知，做出改變？

聖經密碼：從牛頓時代就開始的探祕之旅

電腦的誕生為我們帶來以往難以想像的便利，然而誰也沒料到，電腦的發明卻也帶出了一個驚世謎題：成書於三千多年前的宗教巨著《聖經》裡，居然記載著此後人類歷史上發生的許多重大事件。這些預言是巧合還是必然？是「偉大的錯誤」還是顛撲不破的真理？

「你將有大麻煩——有人在《聖經》裡發現了你的全名，而『刺客將行刺』這段話正穿過你的名字。我不是在開玩笑，因為穆罕默德・安瓦爾・薩達特（Mohamed Anwar el Sadat）以及約翰（John F. Kennedy）與羅伯・甘迺迪（Robert Kennedy）兄弟遇刺的事件也以同樣的方式被記載在了《聖經》裡。

是的，相信我，一次危及你生命的危機即將降臨，但這並不是無法避免，只要你願意相信我。」

這封震驚世界的警告信後來被公開在《聖經密碼》（*The Bible Code*）一書中，被以色列詩人查伊姆・古里（Chaim Guri）轉交給當時的以色列總理伊扎克・拉賓（Yitzhak Rabin, 1922.3.1-1995.11.4）。然而拉賓總理是一位徹頭徹尾的唯物主義者，他看完信後，毫不猶豫地把它扔進了廢紙簍。

一九九五年十一月四日晚上八點，位於以色列特拉維夫市中心的國王廣場，舉行了一場祈禱和平的集會。九點三十分，集會結束。拉賓挽著夫人緩步走下臺階，突然想起那封警告信的內容，他對一旁的好友、以色列外交部長西蒙・佩雷斯（Shimon Peres）笑道：「你跟我說過，這個大會上有人打算行刺我。如果真有人要殺我，不知道這麼多人裡，誰才是兇手？」

面對拉賓的調侃，佩雷斯一笑了之，然而，慘案就在這一刻發生了。

說時遲，那時快，當拉賓走到防彈轎車旁時，一名黑衣男子忽然從車門旁

◎來源：McKay, Wikipedia Commons

▲ 以色列詩人查伊姆・古里曾將預言死亡的警告信轉交給以色列總理伊扎克・拉賓。

◎來源：STB-1, Wikipedia Commons

▲ 前埃及總統穆罕默德・安瓦爾・薩達特遭伊斯蘭極端主義者刺殺身亡。

竄了出來，舉起手槍朝拉賓開槍射擊。保鏢們這才反應過來，制服了這位名叫艾米爾（Amir）的殺手，但悲劇已無法挽回，拉賓身中兩槍，一槍擊中脾臟，一槍打斷了脊柱。

晚間十一時十四分，總理辦公室主任埃坦・哈伯（Eitan Haber）走出醫院，宣布「伊扎克・拉賓總理遇刺身亡」。

事件發生後，舉世譁然。立刻有人想起那封被扔進廢紙簍的警告信——發出警告的人是誰？顯然不是刺殺事件的參與謀劃者，那麼只有一個解釋：這是一位活著的當代先知！

警告者的身分並不難查證。順著轉交信件的查伊姆・古理，人們很快找到了

◎來源：Rafael Wiki, Wikipedia Commons

▲ 前美國總統約翰・甘迺迪於一九六三年遭到暗殺身亡。

◎來源：Elcobbola, Wikipedia Commons

▲ 一九六八年約翰・甘迺迪的胞弟，時任參議員的羅伯・甘迺迪在一場競選活動中同樣遭到刺殺死亡。

發出警告的預言者：美國記者邁可・卓思寧（Michael Drosnin）。然而面對眾多或祈求或崇拜或質疑的目光，這位「先知」卻拒絕承認自己的身分和隨之而來的榮耀，他說——

「這一切都拜《聖經》所賜。」

◎來源：gridge, Wikipedia Common

▲以色列總理伊扎克・拉賓於一九九五年遭到名叫艾米爾的殺手暗殺。

© Gridge, Wikipedia Commons

▲時任以色列總理辦公室主任的埃坦・哈伯，向世界宣布了拉賓遇刺身亡的消息。

屢試不爽的聖經預言

經濟蕭條、納粹屠殺、廣島核爆、人類登陸月球……聖經預言逐一應驗。人類費時數千年奮力掙扎的文明歷史，原來是上帝早已繪製的軌跡。

《聖經》（*Bible*），著名的宗教巨著，是基督教基本教義的來源。《聖經》的宗教價值舉世皆知，人們對它的解讀縱有千萬種，卻沒有一種是和預言相關。

究竟是卓思寧藉口推脫，還是人們對《聖經》的解讀方式有了偏差？

一九九七年，卓思寧在著作《聖經密碼》（*The Bible Code*）中披露自己發現「聖經密碼」的過程。

那是在一九九二年，當時任職於《華盛頓郵報》的卓思寧因公訪問以色列，期間認識了以色列希伯來大學的數學家伊利亞胡．芮普斯（Eliyahu Rips）。這是他第一次得知《聖經》裡竟然暗藏密碼這一驚天事實！

在《聖經密碼》一書中，卓思寧記錄下這次經典的會面。在耶路撒冷郊外的寓所中，芮普斯向半信半疑的卓思寧展示了自己多年來研究「聖經密碼」的成果：從《聖經》的第一個字母開始，依照特定的順序，從第一、二、三個字母，依序跳過數千個字母，看能拼出什麼字。然後再從第二個字母開始，周而復始，一直到聖經的最後一個字母。

以本句為例：**R**ips **e**xpl**a**ine**d** **t**hat eac**h** **code** is a **c**ase **o**f a**dd**ing **e**very fourth or twelth or fiftieth to form a word

以字母「R」為起始，每隔三個字母選取一個字母（粗體部分），就可以得到如下訊息：Read the code.

這種跳躍排序方式可以在《聖經》中或橫或豎地使用。在芮普斯出示的一張列印表上，一些字母已經按照上述的方式，橫向或直向地圈出來。這些字母拼成了「海珊」、「飛毛腿飛彈」、「俄製飛彈」等單

MYSTATUTESANDMYLAWSANDISAACDWELTI
NGERARANDTHEMENOFTHEPLACEASKEDHIM
OFHISWIFEANDHESAIDSHEISMYSISTERFO
RHEFEAREDTOSAYSHEISMYWIFELESTSAID
HETHEMENOFTHEPLACESHOULDKILLMEFOR
REBEKAHBECAUSESHEWASFAIRTOLOOKUPO
NANDITCAMETOPASSWHENHEHADBEENTHER
EALONGTIMETHATABIMELECHKINGOFTHEP
HILISTINESLOOKEDOUTATAWINDOWANDSA
WANDBEHOLDISAACWASSPORTINGWITHREB
EKAHHISWIFEANDABIMELECHCALLEDISAA
CANDSAIDBEHOLDOFASURETYSHEISTHYWI
FEANDHOWSAIDSTTHOUSHEISMYSISTERAN
DISAACSAIDUNTOHIMBECAUSEISAIDLEST
IDIEFORHERANDABIMELECHSAIDWHATIST

◎來源：Darkoneko, Wikipedia Commons

▲ 透過特定的跳躍排序方式，可以解讀出隱藏在《聖經》中具特殊意涵的文字。

詞；而在〈創世紀〉第十四章亞伯拉罕與鄰國諸王征戰的故事裡，則清楚註明了日期——第三舍巴特月（Shevat）發射！

「第三舍巴特月」乃是希伯來曆的日期，根據希伯來曆與西元曆的換算法則，將「第三舍巴特月」換算成西元曆即是一九九一年一月。

在這段時間，世界上發生了什麼大事呢？

一九九一年一月十一日，伊拉克對以色列發射了八枚飛毛腿導彈，震撼國際的波斯灣戰爭就此開戰。

再回過頭來看芮普斯從《聖經》中圈出的幾個單詞：海珊、飛毛腿飛彈、俄製飛彈——飛毛腿導彈是美蘇冷戰時期由蘇聯（現俄羅斯）開發的一款戰術彈道導彈；海珊則更容易理解：薩達姆・海珊（Saddam Hussein），時任伊拉克總統，兼任總理和最高軍事將領等職，正是他

◎來源：Megapixie, Wikipedia Commons

▲已故伊拉克前總統海珊在波斯灣戰爭中下令發射飛毛腿導彈。

下令發射飛毛腿導彈。

換言之，三千多年前的《聖經》就已經記載了這場二十世紀初的戰爭，且描述鉅細靡遺，不僅註明了戰爭發起者、使用武器，還有確切的時間。

這個結論簡直讓人背脊發涼！有誰能夠預知三千年後發生的事情，並將之同樣命名為波斯灣戰爭？又有誰能夠精準預言到戰爭將使用的武器名稱？

這預言已經超出了人類對聖人賢者的認知，即使連諾斯特拉達姆斯也無法做到——除了上帝！

◎來源：FieldMarine, Wikipedia Commons

▲ 波斯灣戰爭是本世紀繼越南戰爭之後，最大規模的戰爭。

實際上，芮普斯並不是唯一聆聽到「上帝之音」的人。

據資料記載，早在十三世紀就有人發現了《聖經》裡暗藏密碼——這個幸運兒名叫韋斯曼德（H. M. D. Weissmandel），是捷克首府布拉格的猶太拉比[1]。這位虔誠的信徒發現，在舊約摩西五書〈創世紀〉、〈出埃及記〉、〈利未記〉、〈民數記〉和〈申命記〉的開端，每隔五十個字母跳讀，就可以拼出單詞「Torah」[2]。而「Torah」的意思正是「摩西五書」。

同樣發現《聖經》裡暗藏資訊的另一個人更有名，他就是艾薩克・牛頓（Isaac Newton），世界著名的科學家、物理學家、數學家、哲學家，發現了萬有引力定律和三大運動定律，被認為是「人類智慧史上最偉大的成就」。

◎來源：ArtMechanic, Wikipedia Commons

▲牛頓晚年醉心研究神學和〈但以理書〉，並留下上百萬字的研究手稿。

然而誰也沒想到，這位被外界認為是絕對唯物論支持者的科學家，晚年卻開始醉心研究神學和〈但以理書〉，並留下上百萬字的研究手稿。據為牛頓立傳的經濟學家約翰・梅娜德・凱因斯

（John Maynard Keynes, 1883-1946）說，晚年的牛頓已經完全沉迷在神學研究中了。

這句話一點都沒錯。牛頓到了晚年，開始完全否定哲學的指導作用，並虔誠地信仰上帝，提出「神的第一推動力」理論，他說：「上帝統治萬物，我們是祂的僕人而敬畏祂、崇拜祂。」在《聖經密碼》中作者也提到了這一點，牛頓不僅確信《聖經》，乃至於整個宇宙本身，都是「全能的主所設定的密碼文字」，還希望自己能夠「解讀神性之謎、天命所定的過去未來諸事之謎。」

沒人知道是什麼原因讓這位終生嚴謹立論的科學家，在晚年放棄了畢生研究的科學，轉而投入虛無縹緲的神學懷抱，但顯而易見的是，牛頓的滿腔虔誠並未得到相應的回報，無論他使用何種數學模式來探求《聖經》的祕密，卻依然一無所獲。一七二七年三月三十一日，牛頓含恨而終。隨著他的生命逝去，研究成果也就此塵封。

直到一九四六年，這註定是不平凡的一年。一九四六年二月，世界上第一台現代電子電腦「埃尼阿克」（ENIAC）[3]在美國賓州大學（University of Pennsylvania）誕生。同樣再度啟動的，還有牛頓未竟的研究——對《聖經》密碼的再次破譯。

1 拉比，rabbi，猶太教的教士。

2 Torah，猶太律法，希伯來文意為「教諭」，狹義專指《舊約全書》前五卷中的律法，據說是上帝授予摩西的。Torah也往往被用指《舊約》的前五卷。由於預言書的重要性和宗教逐走日益增加，Torah有時也用於指代那些被認為是神啟示的教諭和經典。

3 電子數位積分電腦的簡稱，英文全稱為Electronic Numerical Integrator And Computer。

這時數學家芮普斯已如前人牛頓一樣，嘗試了每一種自己所知道的數學模式，結果同樣一無所獲。就在他幾欲絕望時，契機突然出現——《聖經》彷彿預知了後人的解讀行動，一直等到電子計算機的誕生才允許他們窺得一二。而芮普斯也已經多了一個志同道合者，一位叫多倫・魏茨滕（Doron Witstum）的物理學家。他設計了一套精密的數學運算模式：在計算機找到關鍵字以後，就會在關鍵字附近尋找相關訊息。

以下以被刺殺的「伊扎克・拉賓」總理為例來說明。通讀整本《聖經》，這個名字只出現過一次，它的跳躍序列為四七七二，也就是說，每隔四七七二

◎來源：Beta16, Wikipedia Commons

▲ 世界上第一台現代電子電腦「埃尼阿克」（ENIAC）。

個字母就要選取一個字母用於拼寫。於是，魏茨滕的程式將整本《聖經》分成了六十四行，每行四七七二個字母。通過這種方式，芮普斯和魏茨滕把《聖經》的字母按照他們的方式重新排列，把去除了整本希伯來文聖經原文所有的字間距，連貫成總長三〇四八〇五個字母。接著採用上述方式，在字串中尋找名字、單詞和詞組，最終找到了以下訊息：

在與「伊扎克・拉賓」出現的相交處，芮普斯和魏茨滕發現了「暗殺」、「拉賓遇刺」、「特拉維夫」、「五七五六」等單詞。「五七五六」是希伯來年曆計算的方式，換算成西元曆就是一九九五年；特拉維夫是以色列的第二大城市，拉賓總理正是在這裡遇害。換言之，《聖經》早就預言了三千年後的拉賓被刺事件，並且以暗碼的方式詳細註明了他遇刺的時間、地點。更神奇的是，直到拉賓遇刺後，卓思寧才在拉賓總理名字的上方發現了「艾米爾」，正是刺殺者的名字！

利用上述的解碼方式，芮普斯和魏茨滕兩人還做了一個實驗：他們從聖經時代（也就是三千多年前）到現代的名人中，挑出了三十二個名字，這些人當中有著名的科學家和的政治家，無論身分為何，他們都不同程度地改變了人類歷史。如果《聖經》所含的資訊真如他們所想的具有預言成分，那麼《聖經》裡一定會出現與他們相關的訊息！

結果如何呢？曾任職於美國政府最高特勤機關國家安全局的資深解碼專家哈洛德・甘斯（Harold Gans），親自驗證了這一結論。為了確保公正，他還特地自己設計了一套程式，看是否能得到同樣的結果。然而歷經四百四十個小時的實驗結果卻讓他大吃一驚：《聖經》裡不僅出現了芮普斯兩人挑選出的三十二位名人姓名，還額外多出了三十四個名人的名字，這些人的生卒年月和地點全部書寫在內，共計六十六人，無一遺漏！

© BotMultichillT, Wikipedia Commons
▲ 九一一事件中遭恐怖份子挾持客機撞毀的雙子星大廈。

結論一出，舉世譁然。許多人對這一結論表示懷疑，他們認為這不過是事後牽強的穿鑿附會。按照芮普斯的方式，很容易在任何一本書裡發現所謂的密碼。事實上，也的確有一位澳州的數學教授使用跳躍讀碼的方式，在隨機選取的《白鯨記》裡找到了前印度總理甘地被刺的訊息——

如果任意書籍都可以得到「已經應驗的預言」，芮普斯等人的研究無疑變得沒有任何價值。

然而芮普斯卻胸有成竹。

為了證明這不是偶然現象，芮普斯在實驗中用計算機把這些名字和日期（包括他們的生卒年月和地點）全部打亂，然後再混合成一千萬個不同組合，也就是說，九百九十九萬九千九百九十九個組合都是錯誤的，只有一個組合正確。而判定正確的標準是：只有名字和具體日期同時出現並相互匹配的才算正確。

「其餘隨意配組的都不符合，」芮普斯說，「結果是〇比九九九九九九九，也就是千萬分之一。」

事實上，經過耶魯大學、哈佛大學、希伯來大學等多名數學家驗證，以及美國《統計科學》雜誌[4]（Statistical Science）的三次複核，經過精密的數學分析，「聖經密碼事件」為巧合的可能性比芮普斯測定的千萬分之一還要低，僅為二十五億分之一。之後，研究人員又做了難度更大、結果更精確的測試，「聖經密碼事件」巧合的機率再次大降，僅為五萬億分之一。

美國數學期刊《統計學》刊載了這篇名為〈創世記等距離字母順序解碼〉（Equidistant Letter Sequences in the Book of Genesis）的論文。《統計學》是美國非常權威的研究期刊，上面登載的每一篇論文都必須經過嚴格審查，審查執行者一般為該領域的資深專家。按照慣例，芮普斯這篇

4 數理統計研究所（Institute of Mathematical Statistics）發行的期刊之一。

論文也經過同樣嚴密的審查。卡內基—美倫大學的教授，也是該期刊主編羅伯特・卡斯（Robert Kass）相繼請到三位相關專家進行審核，審核時間長達六年。這三位專家起初並不相信《聖經》內藏密碼之說，然而無論他們用什麼方法驗證這篇論文，卻得到和芮普斯一樣的結果。

共同驗證這一結果的，除了專家們紙上談兵的計算以外，還有三千多人的鮮血、呻吟和哀慟——二〇〇一年九月十一日，四架美國民航客機被恐怖分子劫持。在劫機犯的指揮下，四架飛機相繼朝世貿大樓撞擊，兩棟一百一十層高的摩天大樓（雙子星塔）倒塌。這場令世界震驚的恐怖襲擊造成三千多人喪生，經濟損失無法估量。也就是人們所熟知的「九一一事件」。

事件發生後，美國國內經濟一度癱瘓，美元貶值、股市下跌、石油等戰略物資價格一度飆漲，波及歐洲、亞洲等金融市場，造成的經濟影響範圍深廣。而打擊恐怖主義的多國反恐行動亦就此展開，全球都陷入龐大的反恐浪潮中。

令人難以置信的是，這次對全球政治和經濟都造成了深遠影響的恐怖襲擊，竟然在《聖經》上也有所記載。

「『雙塔』密載於《聖經》中，與『警告、屠殺』並列，而『警告、屠殺』也與『恐怖』交錯。『恐怖』兩度出現，『它會倒塌、塌陷』也密載了兩次。但我以為那指的是過去，不是未來。我不曾料想過會兩度遭雷殛——八年後會對同兩棟摩天大樓發布另一場恐怖襲擊，而且會成功，將兩座大樓撞毀。」——卓思寧《聖經密碼2：倒數計時》第一章 末時。

出於大意，卓思寧錯過了最好的預警時機，直到慘案發生後，他才恍然大悟。

迄今為止，以整部「希伯來聖經」為本，卓思寧和芮普斯幾乎找到了人類歷史上所有的重大事件和著名人物，以及相關訊息。除了上述已經提過的波斯灣戰爭外，他們還在舊約經文中找到了東京沙林毒氣事件、尼克森水門案、希特勒屠殺猶太人等重大歷史事件。

在〈創世紀〉中，他們找到了希特勒屠殺猶太人的事件——希特勒的名字與

© David Ball, Wikipedia Commons

▲ 宗教巨著《聖經》是基督教基本教義的來源。

惡人、納粹與敵人、屠殺等相關聯。

在〈民數記〉中，他們發現了愛迪生的名字與電、燈相關聯，愛因斯坦的名字與科學、預告、嶄新卓絕的知解交叉，美國前總統柯林頓的名字與「總統」相關聯。

在〈出埃及記〉中，他們發現了美國第三十五任總統甘迺迪的名字與「遇害」相關，代表遇刺地點的「達拉斯」[5]（Dallas）就在他的名字旁邊！

隨後，卓思寧和芮普斯等人透過同樣方式，又發現了以下訊息：

一九二九—經濟崩潰—股票—大蕭條

莎士比亞—哈姆雷特—馬克白（〈利未記〉）

貝多芬—約翰．巴哈—德國作曲家

莫札特—音樂—作曲家

畢卡索—藝術家

萊特兄弟—飛機

中國—大使館—轟炸—北約—美國[6]

奧姆真理教—災疫—毒氣[7]

還有一個值得一提的就是牛頓。上文提到，牛頓晚年窮盡心力，試圖破解〈但以理書〉中的訊息，卻一無所得。兩百多年後，繼任者卓思寧解開了謎題——他在《聖經》中找到了牛頓的名字，在他的名字旁邊有一個叫「Gravity」（萬有引力）的詞組，而在另一旁則出現了「Bible code Newton」的字樣——看來，早在三千年前，《聖經》的作者就已經預知到試圖破解《聖經》密碼的信徒，並把他的名字也列入其中。

《聖經》中羅列的幾十位名人裡，最著名的有愛因斯坦、牛頓、愛迪生、莎士比亞、莫札特等人，這還不是簡單的姓名羅列——在他們的姓名旁，就寫著他們的重要貢獻或是與他們切身相關的其他描述。

難道，現在發生的一切全是早在千年前就已寫好的歷史？

5　美國德克薩斯州，達拉斯市。

6　一九九五年五月八日凌晨六時，位於塞爾維亞首都貝爾格萊德市中心的中國駐南聯盟大使館，遭到以美國為首的北約飛機轟炸。

7　奧姆真理教，日本一個融合了瑜伽、佛教和基督教因素的新興宗教團體，也是日本代表性的邪教團體。一九九五年三月二十日上午，該團體於日本東京地下鐵的五列列車上散布沙林毒氣，造成十三人死亡、六千三百多人受害。

它，到底來自何方？

一千五百多年前，一項出自不同人、時、地的偉大寫作計畫，正在世界各個角落不斷進行。後人們驚訝地發現，這些由不同作者寫出的篇章合起來講述的竟然是同一件事、同一個人，整部作品的語言風格平穩流暢，就好像是由同一個作者獨立創作的。人們驚呼，能做到這一切的只有神，上帝才是《聖經》的真正作者！

一千五百多年前，一群分散在世界各地，身分、境遇皆彼此迥異的人，不約而同地選擇了寫作。他們用蘆葦寫字，用羽毛寫字，有的寫在羊皮上，有的寫在小牛皮上，還有些寫在紙草上。這是極其浩大的事業，在之後的幾百年裡，不斷有人加入到這個隊伍中，他們低埋著頭，嘔心瀝血，振筆疾書。

這些人形形色色，有牧羊人、國王、將軍、祭司，無論是尊貴的帝王，抑或低賤的平民，都懷著同樣的目標。

摩西（西元前十三世紀），政治領袖，埃及法老屠殺希伯來男嬰[8]的倖存者。後來，他帶領以色列人逃出了埃及，進入了迦南美地[9]。

大衛（西元前十一世紀）：以色列第二任國王，是以色列所有古代君王中最具正義性格的國王，也是一位優秀的戰士、音樂家和詩人。《聖經》中讚美上帝的〈詩篇〉就是他創作的。

阿摩司：原是牧羊人，兼職照理葡萄園。後來放棄工作，到處傳講福音。

耶利米（西元前七世紀）：出生於祭司家庭，生來便繼承了祭司的地位。耶利米生活在《聖經》中猶大國滅國前那段最黑暗時期，他是《舊約聖經》中〈耶利米書〉和〈耶利米哀歌〉的作者，被稱為「流淚的先知」。

所羅門：以色列耶路撒冷的帝王。據《聖經》記載，他才智兼備，擁有大量的財富。

但以理：宰相。猶大國的希伯來人，後被迦勒底人的軍隊俘虜到了巴比倫腹地。

這些《聖經》作者們除了身分迥然不同外，所處的時代也不相同——摩西生活在西元前十三世紀；大衛生活在西元前十一世紀；但以理生活在西元前六〇五年。

不僅如此，寫作環境和作者心境亦是影響作品的重要因素，不同的環境和心境亦會使作品

---

8 當時埃及人和以色列人彼此對立，埃及法老為了控制以色列人口，敕令「凡初生的男孩，你們都要扔進尼羅河裡。」

9 由古代巴勒斯坦或其位於約旦河和地中海之間的部分所組成的地區。在《舊約聖經》中，這裡被認為屬於「應許之地」，是一塊「流著奶和蜜」的土地。

風格產生極大的變化。從上述作者的經歷，人們可以推測出這些篇章大致的寫作環境和氛圍：

國王創作的環境在皇宮，在戰爭中被俘虜的但以理可能在牢獄中完成創作；摩西一出生就被死亡的陰影籠罩，後來又帶領以色列人逃亡，可見他的創作極有可能是在逃亡途中完成；有的篇章可能寫於金戈鐵馬的戰場之上；有的卻完成於太平盛世。

◎來源：Eugene a, Wikipedia Commons
▲大衛王創作了讚美上帝的〈詩篇〉。

有的作者創作時滿心歡喜，有的作者創作時則處於悲慟憤懣的情緒之中——但這絲毫沒有影響到《聖經》的整體連貫性，就連敘事風格亦從無改變，似乎千年來的艱難困苦並未讓創作者產生任何一絲的心神動搖。這幾乎是不可能完成的任務，就算是同一個人，在不同時期寫出的作品也不盡相同。然而，當時間之輪來到一千五百年後，後人們驚訝地發現，這些由不同作者寫出的篇章合起來竟然講述的是同一件事、同一個人，整部作品的語言風格平穩流暢，就好像是一個作者獨立創作的。

這完全超出了人們的理解能力，它更像是一場橫跨千年的靈異事件，不僅跨越了時間，還跨越了空間，而證據就是這些由不同時代、不同境遇的人寫出的殘編斷簡，合在一起卻詭異地講述了同一個主題！似乎冥冥之中有誰在故意操縱著他們，用他們的身體執筆寫下了這些篇章——

◎來源：Inyan, Wikipedia Commons

▲牧人阿摩司放棄工作，到處傳講福音。

除了上帝，還有誰能夠做到這一點？身處同一時代的作者在毫無商量的情況下獨立寫作，題材、風格、敘述手法都會大相徑庭，更何況《聖經》的創作跨越了時間和空間，難度更是以幾何倍數上升！人們驚呼，能做到這一切的只有神，上帝才是《聖經》的真正作者！

信徒們虔誠的呼喚與膜拜，似乎穿透了飄渺無垠的虛空，穿越了千萬年的時光，終於到達了神祇面前。冥冥中，神祇終於聽到了信徒的呼喚，上帝威嚴而慈愛的聲音穿越時空而來——

《聖經》（所載的內容）都是神所默示的……

——〈提摩太後書〉第三章十六節

第一要緊的，你們要知道，經上所有的預言是不可隨私意解釋的，因為預言從來沒有出於人意的，而是人被聖靈感動說出神的話來。

——〈彼得後書〉第一章二十—二十一節

弟兄們，我要你們知道，我所傳的福音不是按照人的意思；因為我（的思想）不是從人（那裡）領受的，也不是人教導我的，而是按照……的啟示而來。

——〈加拉太書〉第一章十一—十二節

《聖經》：契約之書的末日審判

末日來臨的凶兆接二連三出現，世界末日正在不斷逼近。是奮力抗爭，還是安然俯首？人類的命運是千年前業已譜寫的歷史，抑或能夠提前預知，做出改變？

《聖經》一共六十六卷，分為「舊約」（Old Testament）和「新約」（New Testament）兩部分。新約和舊約都不是正式的書名，而是基督徒賦予它們的稱呼——

西元前十三世紀，移居到埃及的以色列猶太人因擅長貿易，積攢了過多的財富，因而引起統治者的不滿。不僅新出生的男嬰被國王下令屠殺，還遭受無以倫比的流離戰亂之苦，猶太人的鮮血與眼淚足足延續了上千年——因此，仁慈的上帝和猶太人簽訂了契約，許諾一切欺壓猶太人的人和民族都將受到報復和審判。這便是舊約的來歷，也是歷史上所記載人與神簽訂的第一次契約。

多年以後，神祇再度與人類定下契約。這一次訂立契約之人是耶穌，立約人也從猶太人變成了所有人類。這部人與神的約定之書裡，詳細記述了生、死，以及人在有生之年的變化和死後的命運，也毫不意外地提到了「審判」——

傳說中的耶穌門徒約翰被羅馬帝國放逐到拔摩島期間，親眼見到天上的異象，得到耶穌的啟示，知曉了世界的末日和上帝對永世的計畫，於是將之記載下來。這便是眾所周知的「世界末日」和「最後的審判」的出處。

《新約聖經》裡甚至有這樣的描述——當末日來臨的那一天，整個世界都會發生前所未有的大地震，太陽將被烏雲遮蓋，月亮也將染上鮮血的顏色，代表生命之光的星辰將墜落於地，那一刻，將滄海桑田……人們躲在岩石洞穴裡，瑟瑟發抖，然後將迎來最後的審判——無罪的上天堂，有罪的下地獄。

第六章十二節　揭開第六印的時候，我又看見大地震動。日頭變黑像毛布，滿月變紅像血。

第六章十三節　天上的星辰墜落於地，如同無花果樹被大風搖動，落下未熟的果子一樣。

第六章十四節　天就挪移，好像書卷被卷起來。山嶺海島都被挪移離開本位。

© Dr Jorgen, Wikipedia Commons

▲摩西帶領以色列人逃出了埃及，進入了迦南美地。

第六章十五節　地上的君王，臣宰，將軍，富戶，壯士和一切為奴的，自主的，都藏在山洞和岩石穴裡。

……

第六章十八節　又有閃電，聲音，雷轟，大地震，自從地上有人以來，沒有這樣大、這樣厲害的地震。

……

——〈啟示錄〉

世界末日真的會來臨嗎？如果會，是什麼時候？

但以理啊，你要隱藏這話，封閉這書，直到末時。必有多人來往奔跑，知識就必增長。

——〈但以理書〉十二章四節

雖然〈但以理書〉屬於舊約，但並不妨礙它作為判定世界末日具體時間的佐證。因為新約和舊約之間本身就有時間連續性，並且相互印證。這也是全世界的基督徒所公認的。

在〈但以理書〉中，先知但以理清楚地記載了神祇的告誡：在世界末日到來的前夕，人類的知識會迅速增長。是否已然應驗？想一想，從牛馬拉車到汽車、飛機；從算盤到計算機；從手工到機器的變遷……科技正在以前所未有的速度發展，這一切在我們的祖先看來，幾乎是神仙般的生活。幾百年來，世界各地的人類社會都發生了翻天覆地的變化，但是這一切卻是末日即將來臨的預兆。

◎來源：File Upload Bot (Magnus Manske), Wikipedia Commons

▲人類的命運是千年前《聖經》業已譜寫的歷史，抑或能夠提前預知，做出改變？（Berthold Furtmeyr繪製）

是不是覺得難以置信？

但這的確是真的，關於末日預言的記載，除了上面提到的〈但以理書〉、〈啟示錄〉，還有著名的〈馬太福音〉。

你們也要聽見打仗和打仗的風聲，總不要驚慌，因為這些事是必須有的，只是末期還沒有到。民要攻打民，國要攻打國，多處必有饑荒、地震。這都是災難的起頭。

——〈馬太福音〉二十四章六—八節

這是不是也應驗了呢？想想兩次世界大戰，如果覺得這例子太過遙遠的話，那就參想近年發生的伊拉克戰爭[10]，多國大規模干涉利比亞的軍事行動，頻繁的國際恐怖主義活動，以及頻發的自然災害（例如五一二四川大地震、日本三一一大地震、土耳其一〇二三大地震）……

一切世事都按照《聖經》所記載的內容進行著。

徵兆，仍然不斷出現。

末日來臨的另一徵兆，正是源自人類本身——由於人類的不自省、不自愛，導致末日的降世。

10 又稱美伊戰爭，肇因於美國認為伊拉克疑似擁有大規模的殺傷性武器，故而發動全面戰爭，共有四國參與作戰。始於二〇〇三年，結束於二〇一一年，歷時七年多。

時候到了，上帝會……敗壞那些敗壞世界的人。

——〈啟示錄〉十一章十八節

那些敗壞世界的人是誰？他們又是如何敗壞世界？《聖經》也給出詳細的答案。

你該知道，末世必有危險的日子來到。因為那時人要專顧自己，貪愛錢財、自誇、狂傲、謗讟、違背父母、忘恩負義、心不聖潔、無親情、不解怨、好說讒言、不能自約、性情兇暴、不愛良善……

——〈提摩太後書〉三章一—三節

這段話明確指出了所謂的「敗壞者」正是那些品德低劣的人，他們貪圖財富，行種種忘恩負義的殘暴之事，沒有良善之心，罔顧親情道義，做出種種卑劣行跡——想想，這情景是不是很熟悉呢？墮胎、濫交、搶劫、姦淫、偷盜、戰爭……這樣的例子不勝枚舉，每個人心中都充滿猜疑與防備，人與人之間的關係緊張而冷漠。夜不閉戶、路不拾遺的時代已經過去，社會的道德底

◎來源：Dedden, Wikipedia Commons

▲〈啟示錄〉中提到，人類將因貪婪、殺人、姦淫、偷盜等墮落行為遭受巨大的災難。
（Cornelis Cornelisz. van Haarlem作品The fall of Lucifer）

線正在不斷降低。《聖經》中也有相似的記載，清楚地昭示了當道德敗壞到一定程度的後果：

諾亞時代，嚴重的道德敗壞招致毀滅世界的洪水；羅得時代，由於索多瑪和蛾摩拉兩城的淫亂墮落，憤怒的耶和華給這兩個城市帶降下天火和硫磺，「把那些城，和全平原，以及城裡的所有居民，連地上生長的，都毀滅了。」

……

各種跡象都顯示世界的末日近了，末日的徵兆正迅速應驗。不久之後，地球將捲入一連串聞所未聞的恐怖災難中。

因為那時必有大災難，從世界的起頭，直到如今，沒有這樣的災難，後來也必沒有。

——〈馬太福音〉二十四章二十一節

究竟引發這最後危機的災難為何？發生於何時？

在〈啟示錄〉裡，人們發現一場由一位被稱作「羔羊」的人和他的信眾，與被稱作「獸」的勢力所發生的激烈較量。「羔羊」一方代表著正義與神的意志，而「獸」則是褻瀆神的邪惡勢力，為首的是一條「大赤龍」，這條赤龍「就是那古蛇、名叫魔鬼、又叫撒旦」。

由於許多人都受到「獸」的迷惑，貪婪、殺人、姦淫、偷盜……做盡了邪惡之事，人類將因此遭受巨大的災難，〈啟示錄〉中提到規模空前的火災、地震、冰雹、天火、蝗蟲、瘟疫和慘烈的戰爭，人類因為飲用了變質的水而死亡，整個世界都會陷入地獄般的恐怖之中……

當人類一一經歷過這些恐怖之後，所有人都會在上帝面前接受審判。該上天堂者上天堂，該下地獄者下地獄。

這是《聖經》中對末日完結後的總結，即便末日尚未到來，對未知災難的巨大恐懼已使得人們惶恐不安，對末日之後的平安喜樂也並不期待。末日審判就像懸在空中的死神之鐮，死亡隨時都可能落在頸邊。

人們幾近瘋狂地質問：到底末日何時來臨？

那日子，那時辰，沒有人知道，連天上的使者也不知道，子也不知道，惟獨父知道。

——〈馬太福音〉二十四章三十六節

雖然《聖經》並沒有明確指出末日來臨的日期，卻一一羅列了末日即將來臨的徵兆。

這天國的福音要傳遍天下，對萬民作見證，然後末期才來到。

——〈馬太福音〉二十四章十四節

念這書上預言的，和那些聽見又遵守其中所記載的，都是有福的。因為日期近了。

——〈啟示錄〉一章三節

〈馬太福音〉裡明示「當天國的福音傳遍天下」時，末期就會到來。確切日期到底是什麼時候？實際上，現今各種媒體普及、網際網路已經十分發達，即使在傳播網絡覆蓋不及的區域，也有收音機等現代科技，「天國的福音」早已經

© Wolfgang Sauber, Wikipedia Commons

▲ 聖經寫到，當人類經歷過種種末日的恐怖之後，所有人都會在上帝面前接受審判。

傳遍天下，完全符合「末期來到」的條件。千年前的先知但以理說「日期近了」，然而對現今的人類而言，也許應當說——「這一天已經到了」。

第6章 末日畫卷：達文西的末日預言

人們發現，這位距今四百多年前的知名畫家，
不僅在當時已經能畫出坦克、飛行器和挖掘機的結構圖，
畫作中竟然還隱藏著上帝耶和華的臉！
他的其他畫作似乎也透露出一股末日的蒼涼氣息，
這是巧合還是必然？世界末日難道真的要來臨了？

隱藏在畫作裡的上帝之臉

四百多年前，一位知名畫家留下了數幀不朽名作，引得無數後人頂禮膜拜；四百多年後，科技發達的今天，人們發現他的畫作中竟然隱藏著上帝耶和華的臉！

這幅神祕的畫名為《聖母子、聖安娜和施洗約翰》（Our Lady of Holy Child and St.Anne and John the Baptist），是一幅著名的宗教畫作，它描繪了一幅聖母聖嬰、聖安娜和施洗約翰在一起其樂融融、安詳靜謐的畫面。

然而，現代人卻對這一經典畫做出了顛覆性的解讀！

二〇〇八年，英國一個名為「神聖經文和繪畫之鏡世界基金協會」（The Mirror of the Sacred Scriptures and Paintings World Foundation）的組織宣稱，他們透過鏡子發現這位藝術大師的知名作品裡，隱藏有聖經人物頭像和宗教符號！

宣稱結論的同時，該組織也公布了他們發現此一祕密的過程：原來所謂的「鏡子」，就是把作品的部分圖像加以複製翻轉，即由原圖加上鏡像左右對稱所組合出的圖案。要重現發現過程也很簡單，使用一般的製圖軟體Photoshop就可以做到。

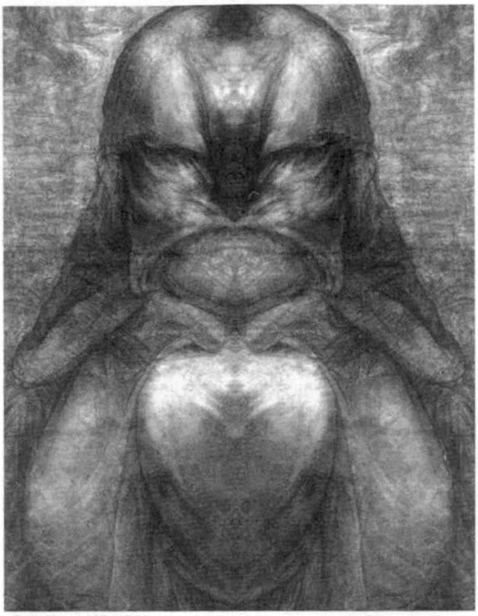

◎來源：編輯部製作

▲ 經過解析重組，《聖母子、聖安娜和施洗約翰》中出現了一張「上帝之臉」。

◎來源：Aavindraa, Wikipedia Commons

▲ 現代研究者對達文西的畫作《聖母子、聖安娜和施洗約翰》做出顛覆性的解讀。

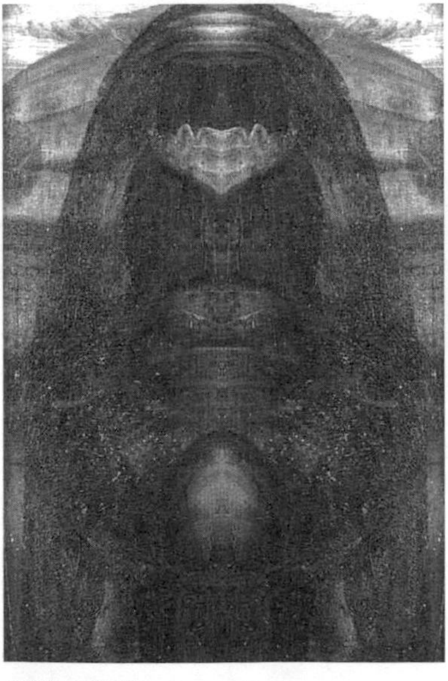

◎來源：編輯部製作

▲ 使用同樣方法分析《蒙娜麗莎》，也可以找到上帝耶和華的臉。

◎來源：Amandajm, Wikipedia Commons

▲ 世上最引人遐思的一抹微笑，達文西名作《蒙娜麗莎》。

以下以《聖母子、聖安娜和施洗約翰》為例來說明。

利用矩形選框工具圈選圖中左方人物的臂膀區塊。將選中區域複製。將複製的圖片水平翻轉，進行重新組合後，出現了一張上帝的臉。

使用同樣的方法進行比對，在另一幅名為《蒙娜麗莎》的畫作裡也可以找到上帝耶和華的臉，這張戴著頭盔的臉和《聖母子、聖安娜和施洗約翰》裡發現的一模一樣。

如此重大的發現一經宣布，舉世譁然。除了結論本身令人震驚以外，另一個令人們無法置信的原因來自該畫的作者——達文西！

達文西：畫者中的諾斯特拉達姆斯

達文西，全名李奧納多・達・文西（Leonardo Di Ser Piero Da Vinci），義大利文藝復興三傑之一，也是整個歐洲文藝復興時期最完美的代表。他學識淵博，涉獵廣泛，擁有諸多頭銜，人們稱他為雕塑家、發明家、哲學家、音樂家、醫學家、生物學家、地理學家、建築工程師和軍事工程師。而他最為著名的一個身分則是畫家，留下了諸多傳世名畫，如上文提到的《蒙娜麗莎》，就是舉世皆知的名作。

正是因為達文西的名字擁有諸多光環，因此其作品裡隱藏的上帝之臉自然格外引人注目。

人們不禁猜想，如果這個發現確實無誤，那麼達文西的其他作品中一定也隱晦地傳達了其他訊息。隨著達文西其他手稿逐一現世，那些詭異離奇、無法解釋的事

◎來源：OldakQuill, Wikipedia Commons

▲義大利文藝復興三傑之一：達文西。

件也愕然出現──

在其中一份手稿中，某種飛行器的設計圖躍然紙上，機翼、螺旋槳等細節清晰可見……人們驚訝地發現，這竟是一幅飛機設計圖！圖中的飛機已經具有現代飛機的雛形，與一九〇三年萊特兄弟製作的「飛行家一號」已十分相似。這可不是小說情節，生存於四百多年前的達文西，真的畫出了四百年後的飛機設計圖！如此成就猶如帕倫克石板上的航太飛行器一樣不可思議，但古老的手稿鐵錚錚擺在眼前，令人不得不信服。

然而，疑問也隨之而來。的確，達文西學識淵博，研究涉獵的領域廣泛而全面，但人的精力亦有限，在精通繪畫的同時又精通飛機製造，世上有幾個人能做到？要知道，後世萊特兄弟從開始投入研究至第一架飛機誕生，花費將近七年的時間才完成。更何況除了精通繪畫以外，達文西還是一個眾所周知的哲學家、地理學家、雕塑家，如果這是真的，那麼達文西無疑是一個精力無窮的天才，然而，事實真是如此嗎？

就在人們半信半疑之際，又在達文西的手稿中相繼發現了坦克、挖掘機等現代機械的構圖！這項發現無異於一顆重磅炸彈的爆炸，炸得研究者們目瞪口呆、頭暈目眩！

不可思議的事發生一次，可謂奇蹟；但是，當奇蹟接二連三地發生，那就是偶然中的必然。人們顫抖地自問，難道這一切真的出自這位四百多年前的古人之手嗎？如果是，他是怎麼做到的？人的精力果真可以無窮無盡，幾乎到通曉百科的程度？

人們又驚又疑，但是震驚仍一次又一次撼動著所有人。猶如引燃的炸彈引線，當嘶嘶作響的引線燃燒至盡頭，便會引出震動天地的爆炸。隨著這些奇異手稿逐漸展現在世人面前，達文西的筆記本也隨之現世，上面沒有繁複華麗的構圖，沒有簡約的設計線條，也沒有跳動的音符，而是一些謎樣的話語，語氣憤怒而悲慟——

> 世間將會出現這樣的生物，他們永無止息地互相攻殺，每一方都有巨

◎來源：BotMultichillT, Wikipedia Commons

▲ 達文西設計的飛行器結構，非常近似一九〇三年萊特兄弟製作的「飛行家一號」。

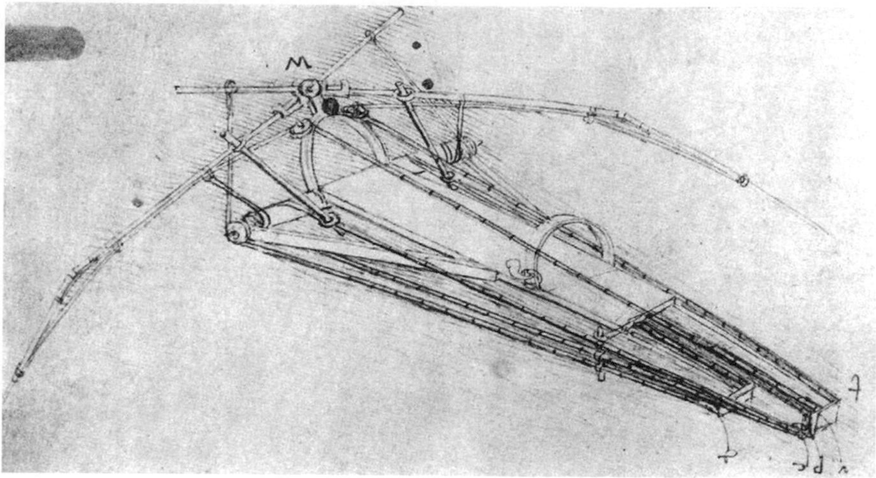

◎來源：OldakQuill, Wikipedia Commons

▲ 達文西繪製的飛行器設計圖之一。

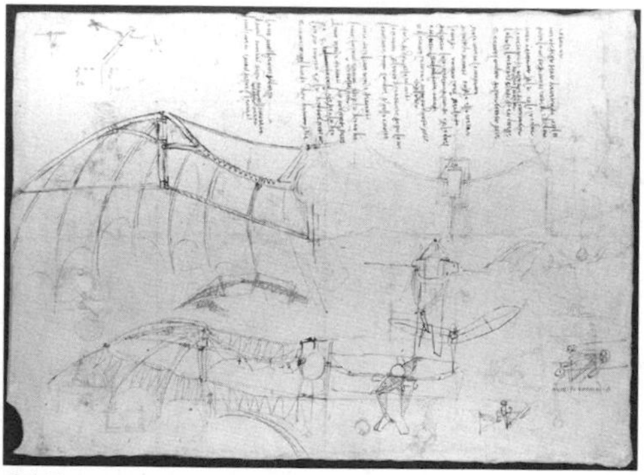

◎來源：Lviatour, Wikipedia Commons

▲ 達文西繪製的飛行器設計圖之二。

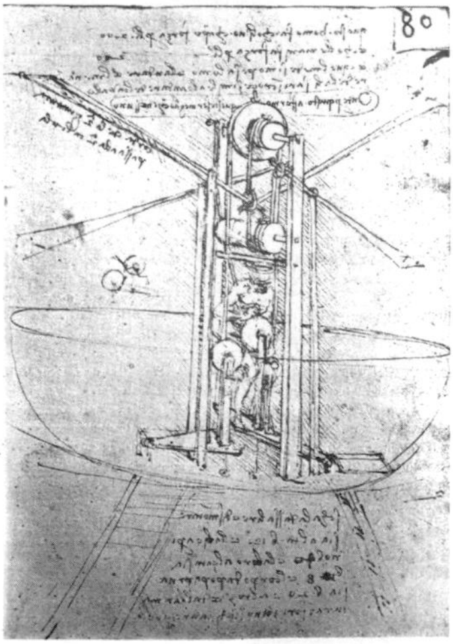

◎來源：Sailko, Wikipedia Commons

▲ 達文西繪製的飛行器設計圖之三。

大的損失和頻繁的死亡……神靈，你為什麼不打開那些進入你峽谷和山洞的深深裂縫吞沒他們，為什麼不向他們展示你溫情的那一面，而是像魔鬼那樣的冷酷與殘忍？

這段謎樣的話語描繪了一個可怕的場景：一種莫名的生物互相攻殺，戰場上到處堆疊著戰死的屍體，鮮血橫流，殘肢滿地。有人看到了這殘酷的景象，不可抑制的恐懼與悲慟讓他發出了吶喊，虔誠祈求神靈寬恕……

目睹一切，發出吶喊的正是達文西。他的語氣如此悲慟欲絕，他的請求像螻蟻一樣卑微，他到底看到了什麼讓他這樣驚慌失措，彷彿末日來臨一般的恐懼？他描述的場景僅僅是戰場上的慘烈情景嗎，抑或是他所特意指出那

◎來源：OldakQuill, Wikipedia Commons

▲ 達文西設計的起重機

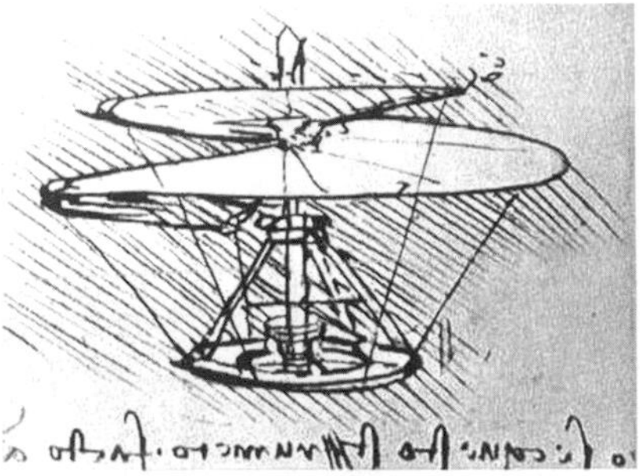

◎來源：Bernd, Wikipedia Commons

▲ 達文西設計的螺旋直昇機。

神祕的「這樣的生物」？如果是後者，達文西又是怎樣看到的，莫非他也像諾斯特拉達姆斯一樣擁有神奇的預知能力？如果他沒有這樣的能力，那這段話又出自誰，為什麼會出現在達文西的筆記手稿中？

一連串的疑問使達文西原本纖毫畢現的光環蒙上了一層神祕的面紗，他的人也在歷史的陰影中忽隱忽現起來。世人第一次開始懷疑，我們對達文西一直以來的定位是否正確？也許他不僅是一位藝術家，還是位擁有預知能力、像諾斯特拉達姆斯一樣的預言家！

這個想法甫一出現腦海，便如破土的嫩芽般不可抑制地生長蔓延。如果這個推論是正確的，那麼無論是達文西畫作中隱藏的上帝之臉，還是那些神祕的現代機械構圖，抑或那段筆記裡的謎樣話語，都可以得到完美解答——他不僅是單純的藝術家，亦很有可能是一名預言者！這樣的身分一經坐實，投向其作品的眼光也變得複雜難言、充滿了未知、恐懼和審視的意味。若說諾斯特拉達姆斯以筆寫下了《百詩集》，那麼擁有畫家身分的達文西，是否有可能在畫作中留下他的預言？就像之前提到的《蒙娜麗莎》和《聖母子、聖安娜和施洗約翰》一樣，也許在他的其他作品中還能發現除了上帝之臉以外的預言。

人們把目光投向了達文西的另一作品《安吉里戰役》（Battle of Anghiari）。這幅畫作與《最後的晚餐》、《蒙娜麗莎》一起並稱為達文西三大名作，描繪了一幅戰場上金戈鐵馬的場面，士兵們手執武器互相揮舞，戰士和戰馬的表情都十分猙獰且痛苦。

據此，諸多學者認為這正是筆記中的謎樣話語的有力佐證！達文西暗示的正是「人性中的殘忍」將會讓人類自取滅亡，「這樣的生物」指的正是人類自身！然而，這樣的推論一提出，立刻遭到有力的駁斥：人性的殘忍會讓人類自我毀滅，證據就是一幅以軍事題材為故事背景的畫。這樣的推論過程太過單一而薄弱，就此認定達文西在畫中預留的訊息，未免過於草率。

可是，如果達文西留下的畫作都是普通的藝術創作，那麼「上帝之臉」、奇怪的現代機器構圖和筆記上的莫名話語又該怎麼解釋呢？

人們百思不得其解。就在這時，最新的研究成果從梵蒂岡傳來——

「可以肯定，『達文西密碼』真的存在！」

◎來源：OldakQuill, Wikipedia Commons

▲《安吉里戰役》傳達出「人性中的殘忍」將會讓人類自取滅亡訊息。

末日預言：真實的達文西密碼

發表這一宣言的是梵蒂岡檔案室的研究人員薩賓娜·斯福札·加里特茲亞（Sabina Sforza Garrett Ziya）。她曾在美國加州洛杉磯大學研究過達文西的手稿，現在則專心研究達文西畫作裡可能蘊含的「密碼」。如今，她終於得出結論——「可以肯定，『達文西密碼』真的存在，但並不像那本暢銷書裡描述的那樣。」

首先，加里特茲亞從《最後的晚餐》入手。這是一幅表現基督被捕前和門徒最後聚餐訣別場面的濕壁畫，此畫構圖一反傳統圍繞於飯桌的形式，把基督置於畫面中央，而其他門徒通過各自不同的表情和手勢，分別表現出驚恐、憤怒、懷疑、剖白和慌張的情緒。

祕密就藏在這幅畫裡。

經過精密仔細的研究，加里特茲亞敏銳地發現了畫作中央那扇半月形窗戶的不同，神祕的密碼就隱藏在那扇窗戶中！

「這個密碼就掩藏在耶穌背後那扇半月形的窗戶上，那裡面隱藏著一個關於『數學和占星術』的密碼。這個密碼是用黃道十二宮星座和拉丁文中代表一天二十四小時的二十四個字母做出的。」加里特茲亞興奮地說道。

舉世著名的畫作裡竟然真的隱藏了訊息，達文西為什麼要用這樣的方式隱藏它？這幅名畫中到底隱藏著怎樣的驚天之謎？

加里特茲亞興奮地開始了解碼工作，最後的結果卻是無以倫比的震驚。

「四〇〇六年三月二十一日，將會有一場『全球大洪水』降臨人間，而同年的十一月一日將是人類『最後的晚餐』，末日會在那天降臨！」

原來這幅畫描繪的不僅是耶穌被釘在絞刑架前的「最後的晚餐」，同時也意指了人類「最後的晚餐」，那個時間就是四〇〇六年十一月一日。

這才是《最後的晚餐》所傳達的真正訊息！

這位生活在「艱難時代」的虔誠信徒，不得不把人類即將滅亡的訊息以暗碼的形式隱藏在畫作

◎來源：Tm, Wikipedia Commons◎來源：File Upload Bot (Magnus Manske), Wikipedia Commons

▲《最後的晚餐》是達文西三大明作之一，更是解密研究者鑽研的主要對象。

中。至此，人們恍然大悟，怪不得達文西諸多作品裡的人物都似有所指地凝望遠方，那眼神憂傷靜謐又充滿了希望，似乎前方有神聖之物在等待他們。

原來他們的眼神、他們的等待來自於末世的到來，他們期望的是《聖經》中末世之後的新天新地。然而為什麼是四〇〇六年十一月一日？這個日期與馬雅預言、推背圖、水晶頭骨等所說相差甚遠，是加里特茲亞翻譯錯誤，還是達文西誤解了上帝的旨意，抑或採用了其他曆法的計算方式？

就在人們百思不得其解之時，又有一顆驚天炸彈轟然炸響——二〇一〇年，義大利音樂家喬萬尼・瑪利亞・帕拉（Giovanni Maria Pala）在他的著作《隱藏的音樂》（*LaMusica Celata*）裡宣稱，他在《最後的晚餐》畫作中發現了隱藏的樂譜！消息傳出，輿論一片譁然。

◎來源：LA SENSACIO

▲ 義大利音樂家帕拉宣稱他在《最後的晚餐》畫作中發現達文西隱藏的樂譜！

但這可不是帕拉為了出風頭或是炒作而捏造的聳動題材，他的確拿出了證據，並且披露詳細的論證過程：首先在畫面上繪出一個五線譜，然後把畫中的麵包和人物的手都視作音符，按圖繪出，整份樂譜便躍然紙上。依照達文西的書寫習慣[1]，這份樂譜需要從右至左地演奏。為了盡可能地還原達文西時代的風貌，帕拉特地選擇當時演奏教堂音樂的主要樂器「管風琴」來重現隱藏的樂譜。

◎來源：Zar, Wikipedia Commons◎來源：File Upload Bot (Magnus Manske), Wikipedia Commons

▲為還原時代風貌，帕拉特地選擇演奏教堂音樂的主要樂器「管風琴」來重現隱藏的樂譜。

當琴聲悠揚地飄蕩在室中時，所有人再度陷入震驚——曲調如此優美，如此哀傷，悠遠的意境讓人不由自主地聯想到了死亡——帕拉驚訝地喊道：「它聽上去像一支表現耶穌受難和死亡的安靈曲。」

1　達文西是左撇子，寫了一手「反手字」，即由右至左逆向書寫，且每個字母左右相反，必須從使用鏡子映照出倒影方能閱讀，研究者稱為「鏡像文字」。據說是為了防止他人抄襲解讀他的構思。

這不是天方夜譚。舉世聞名的達文西名作《最後的晚餐》裡，真的隱藏了一首可以完整演奏的安靈曲！

達文西以如此隱晦的方式，於畫中暗藏這首神祕、靈異色彩濃厚的曲譜，難道僅僅是為了紀念耶穌受難？這不是不可能，可是聯想到《安吉里戰役》的提示與《聖母子、聖安娜和施洗約翰》中隱藏的上帝之臉之後……我們還能作如此單純的臆想嗎？

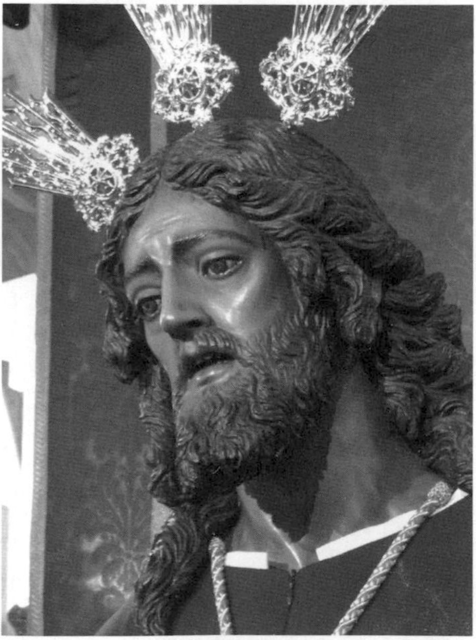

◎來源：CarolSpears, Wikipedia Commons

▲達文西如此隱晦地於畫中暗藏這首神祕的曲譜，是否僅為了紀念耶穌受難？

這不是巧合，而是嚴正的警告！這位成就斐然的天才藝術家同樣也預見了世界末日的來臨，他把自己所看到的人間慘劇繪成了畫卷，在筆記中留下了悲慟的吶喊，期望後人得到警示。

達文西在筆記手稿中留下的悲慟文字穿越時空而來，隱藏其後的深沉憂傷迴蕩在天際之中。

如果，只是如果，當人類不再彼此相殘，是不是就可以避免這場浩劫，毋需失去親人和愛人，父母子女也不用離散？

我們無從得知。

只是，當無數先知都做出了相同的告誡之時，末日之說不再被視為空穴來風。沒有人知道人類的命運到底會走向何方，然而在災難來臨之前，也許在我們能力所及之處，還能夠為這個世界做點什麼。

第7章 神祕東方古國的末世預言

剝與復，一個意味著衰落與毀滅，另一個則象徵生長與重生。

剝復之後，「寰中」自然「承平」，可是在剝與復之間的轉折，

究竟是怎樣的驚心動魄？邵雍沒有多做描述，

然而其中的肅殺之氣已然迎面撲來。

欲將剝復問前因：《梅花詩》的憂慮

「您為什麼面帶憂慮呢？」

「我並沒有什麼值得憂慮的。」

「……最近五天，您恐有大禍臨頭，最好謹慎行事。」

老者不以為然。

五天之後，老者赴一喜宴，於宴席之上，魚刺卡喉而死。

己丑日卯時。大道之上。

一位老者迎面走來。他佝僂著腰，面色猶豫不決，眼神渾濁憂鬱，似乎有沉重的心事卻無法宣之於口。

老者慢慢地行走於大道之上。路上來往者甚多，卻沒有一人停下來詢問。老者沉浸在自己的思緒裡，直到一片陰影籠罩在自己前方。

他抬頭一看，原來是一個中年人。此刻，那中年人正沉靜地看著他，眼眸裡似乎有許多說不清、道不明的複雜情緒。

「老人家，您為什麼這麼憂慮呢？」

四目相對，老者先是一愣。中年人便問出了口。

老者喉結滾了幾滾，想要說些什麼，但最終低聲回答道：「不，我並沒有值得憂慮的事情。」

「是嗎？」這名古怪的中年人深深打量了老人一眼，沉默半晌後說道，「最近五天，您恐有大禍臨頭。」

此話一出，老者驚愕地睜大眼。路過行人有聽到這話的，也紛紛看向這位中年人。他手上並未執算命的相幡，裝扮也並不像算命先生，怎麼卻說出這番相士之言？

身為目光焦點的中年人對外界好奇的眼光似乎並無所感，他長身一揖，再次慎重道：「您最好謹慎行事。」

老者慢慢地點頭，身影逐漸消失在大道盡頭。

中年人一直在老者身後目送著。直到看不見老者的身影，他才歎息一聲，繼續自己的行程。

五天之後，某府人家舉辦喜宴。

◎來源：Hannah, Wikipedia Commons

▲宋朝易學家邵雍畫像。

高堂在上，一身紅衣的新人交拜，一片歡聲笑語。

席間正值杯觥交錯，語笑喧譁，喜宴一角卻有騷動漸起。當主人聞信趕去時，客人已經仰面而倒，不省人事了。

雖然客人的面容因痛苦而嚴重扭曲，但依然有人認出了那客人的身分——正是那日在大道上被人攔下警告的老者！

聞訊而來的官府仵作[1]很快便查明了死因：魚刺卡喉。

喜宴上竟然出現了喪事，這簡直太悚人，也太倒楣了！就在眾人歎息之餘，有人卻忽然驚叫起來：「是真的，那人說的應驗了！」

這句話猶如記憶之盒的鑰匙，已被眾人拋在腦後的記憶受到召喚，飛快地回到那天大道上發生的一幕。

「您最好謹慎行事。」長揖行禮的中年人，那憂慮的目光，還有消失在大道盡頭的愁容老者……一切像白光一般劃過眾人腦海，擦出驚愕至極的劈啪烈焰。

那個中年人到底是誰？

隨著消息傳開，無數人都懷抱著相同的疑問。這個五天後立即應驗的預言，傳播速度堪比瘟疫擴散，一時間，酒樓之上、茶餘飯後、婦人閨房之語，談論的全是這神奇預言，以及對那名神祕中年人身分的各式揣測。

就在街談巷說越傳越離奇，幾乎要將那中年人捧上神壇之際，他的真實身分終於曝光——

邵雍（一〇一一—一〇七七），字堯夫，宋朝著名的易學家，依據先天八卦數理[2]，以易學中的數學為基礎，再結合易學裡的「象學」著成《梅花易數》一書。邵雍能遇事先知，鐵口直斷老者的命運，靠的正是這套《梅花易數》！

▲宋朝著名卜士邵雍建構了「先天易學」體系，詩作中可見其參透天人的智慧。

消息傳開，一片譁然。一時間，邵雍風光無二。無論認識、不認識的人，紛紛提起禮物上門拜訪，只為求得一卦。然而邵雍卻有「三不占」，即「不動不占，不怪不占，不事不占」[3]，是故求卦之人莫不失望而歸。但這絲毫未對邵雍造成任何影響，反而使他的身分益發撲朔迷離。這段關於無名老者的預言事蹟，猶如牽引著無數奇異瑰麗預言的線頭，輕輕一拉，那些被隱藏在樸實無

1 中國古代官府中專門負責檢驗屍體的人。

2 即乾一，兌二，離三，震四，巽五，坎六，艮七，坤八。

3 卜士若未感應到外界有「動」的訊息，不能刻意起卦占卜，唯有遭遇不尋常、難得一見的訊息方才可行，未遭逢大事亦不可占卜。

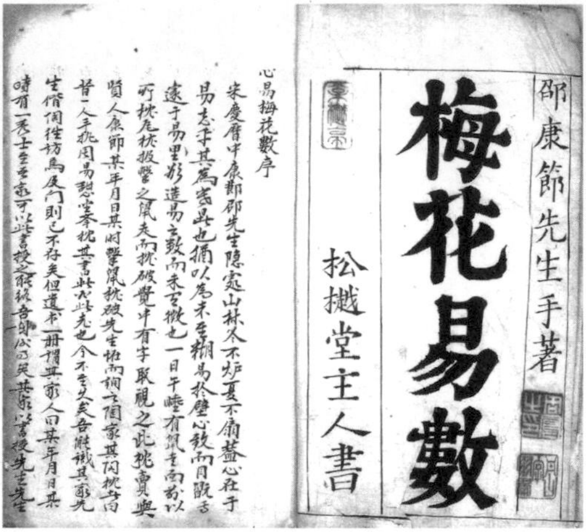

▲ 邵雍依據先天八卦數理，以易學中的數學為基礎，再結合易學裡的「象學」著成《梅花易數》一書。

▲ 邵雍「遇事能前知」，乃是依先天八卦數理推算起掛。

華表面下的真相便如散落的珍珠一般，灑落於地，綻放出溫和卻絕不容人小覷的光芒。

一傳十，十傳百，邵雍「遇事能前知」的名聲猶如疾風般迅速傳播。僅僅是他的名字，便代表了鐵口直斷與不可置疑。

一次，邵雍來到庭院觀賞梅花，發現梅花樹上有二隻麻雀為了爭奪一根落腳的樹枝而打架，最後兩隻麻雀一起從空中摔落在地上。這個情景可不常見，他心中暗忖：「不動不占，不因事不占，今二雀爭枝墜地，怪也。」

於是，邵雍便起卦占卜。

當時值辰年十二月十七日申時，便取辰年為數字五，十二月取數字十二，十七日取數字十七，三組數字的總和為三十四，再除以八，得到餘數為二。根據先天八卦數理，得到兌卦☱，以為上卦；再以三十四加上申時所代表的數字「九」，得到兩數的總和

▲邵雍有「三不占」原則，但見「今二雀爭枝墜地，怪也。」於是起掛占卜。（清代余穉花鳥圖）

四十三，再除以八，得到餘數為三，根據先天八卦數理中的「離三」，可以得知下卦為離卦☲；最後，把上下卦加起來，就得到了澤火革卦䷰。

在卦學中，上卦和下卦是「本卦」（又稱正卦），指事情會在卦象所呈現的情景中發展。在這幅澤火革卦象裡，上卦兌卦屬金，為體卦[4]，從下圖中可以得知，兌是指少女。因此這件事應該與少女有關；下卦離火是用卦[5]。根據五行相生相剋原理，火是克金的，因此，可以推斷，這件事一定會對少女造成傷害！

那麼，少女會受到怎樣的傷害，後果是否嚴重呢？

這就要提到互卦和變卦了。如果說上卦和下卦是指事情發展的總體概括，那麼互卦和變卦則在細節上有更為精確的說明：互卦是由本卦推演而出，要了解事情的癥結，必須看互卦；而變卦則代表所問之事的結果。

邵雍這次占卜得到的互卦是乾巽，變卦為艮。

首先解巽卦。巽象徵風，風是什麼樣子呢？無所依靠，順其自然，所謂「順勢」、「順從」，說的就是巽卦的「順」。人體的哪個部分代表巽卦呢？是大腿。因為大腿本身不會動作，只是「順」著人的意志走罷了，與巽卦為風，本身沒有主張的特性十分吻合。

因此邵雍又得到了一個訊息：少女的大腿會受傷。

那麼少女大腿受傷的結果將如何呢？那就要看最後的變卦了。變卦是艮，意味著「止」，即（這件事）到此為止了。也就是說少女的傷勢不會太嚴重。

邵雍當即斷言：明天晚上，必然有女子到這裡來折梅花。看守花園的園丁不知來者何人，一定會追逐驅趕她。該女子會因此驚慌失措，或因跌倒或其他原因而弄傷大腿。

結果，意外發生了，果然如邵雍所料。

關於邵雍的預知能力還有一個故事。一個冬天的傍晚酉時，邵雍正在爐邊烤火，忽然一陣敲門聲傳來。邵雍注意到，敲門聲先響了一次，後來又接連響了五次，之後才傳來鄰居的聲音，說是要借東西。

▲上卦和下卦是指事情發展的總體概括，那麼互卦和變卦則在細節上有更為精確的指示。

4 體卦，表示事情的主體。
5 用卦，表示所問之事。

雖然是酉時，但在冬季天一向黑得很早，不是大事，人們是一般不會出門的。鄰居在這時候找上門來，顯然不太尋常。

秉承「不事不占」的原則，邵雍便起了一卦。

以先天八卦卦序，敲門聲先響了一次，得到上卦為乾；然後接連響了五聲，得下卦為巽。乾屬金，體卦巽為木，因此鄰居借的應為金、木之類的物件。此外，代表乾的敲門聲只響了一次，代表巽的敲門聲則響了五次，因此乾金短，巽木長。

所以，鄰居要借的應該是斧頭。

邵雍的兒子並不相信父親的推斷，因為就算金短木長，也可能是指鋤頭，但父親卻一口斷定是斧頭，未免太過牽強。面對兒子

卦名	卦像	自然	性情	家族	方位	二進制	Unicode
乾	☰	天	健	父西	北	111	U+2630
兌	☱	澤	悅	少女	西	110	U+2631
離	☲	火	麗	中女	南	101	U+2632
震	☳	雷	動	長男	東	100	U+2633
巽	☴	風	入	長女	東南	011	U+2634
坎	☵	水	陷	中男	北	010	U+2635
艮	☶	山	止	少男	東北	001	U+2636
坤	☷	地	順	母	西南	000	U+2637

◎來源：Wikipedia Commons

▲ 八卦，依據現代的二進制，從最底的爻算起，以 1 代表陽，0 代表陰。

的疑問，邵雍笑而不語。結果開門一問，鄰居果然要來借斧。鄰居走後，邵雍這才解釋：「卜卦除了計算以外，還應考慮到情理。的確，從卦象來看，鋤頭和斧頭都有可能。但是以情理而論，他這麼晚了來借鋤頭做什麼？一定是來借斧頭好劈柴做飯啊！」聽完父親的說明，邵雍的兒子心悅誠服。

隨著預言應驗的消息傳開，邵雍的名氣越來越大，經常有人請他上門做客。巳年三月十六日這一天卯時，邵雍先生受邀到一位朋友家觀賞牡丹。當時花開正盛，同席的另一位客人便隨口問道：「牡丹花開得如此繁盛，這花難道也有氣數嗎？」

邵雍回答說：「萬物皆有氣數。」

客人一聽來了興致，知道眼前這位先生正是「遇事能前知」的邵雍，於是便問這盛開的牡丹花期如何。花勢如此繁盛的牡丹，至少應有半月花期，然而邵雍的回答卻讓他大吃一驚。

「這牡丹明天午時會遭馬踏所毀。」

客人驚訝不已，難以置信。第二天午時，果然有兩位達官顯貴乘馬觀賞牡丹，兩匹馬突然相互嘶咬，駕馬者失去控制，受驚的馬兒衝入園內任意肆虐，滿園牡丹盡數毀於馬蹄之下。

客人嘆服，遂向邵雍請教。

邵雍的分析如下：

當年是巳年，「巳」在十二支中的順序數為六，對應數字六；月份為三，對應數字三；日期為十六，於是對應數字十六。三者之和為二十五，除以八後得三餘一，得到乾卦為上卦。

卯對應的數字為四，年、月、日、時四者之總和為二十九，除以八後得三餘五，得到巽卦作為下卦。

再把四者之總和除以六[6]，得四餘五，得九五爻動。

乾為天☰，巽為風☴，因此最終卦象為天風姤䷫，互卦由兩個單獨的乾卦組成。

這卦象是什麼意思呢？

先從天風姤開始解起。天風姤，意為「柔遇剛」。表示柔弱的牡丹會遇到一個相對「剛硬」的人或物。

九五爻動，動爻指的是外部環境，那麼九五又是什麼意思呢？《象》曰：九五含章，中正也。有殞自天，志不捨命也。意思是有著好看花紋的匏瓜原本纏著杞樹好端端地生長，這時卻從樹上突然掉了下來。意指牡丹花會遭遇飛來橫禍。

那麼問題的癥結是什麼？代表問題癥結的互卦由兩個乾卦組成，意為二者相爭，殃及池魚。

整個卦象的訊息昭然若揭：柔遇剛的牡丹，飛來橫禍，代表大腿的巽……

以情理而論，花園有人看守，斷不至於被人所損毀。若不是人，那就是牲畜。時值煙花三月，正是踏馬好時節，因此邵雍斷定，牡丹花定是損毀在馬蹄之下！

整套推理如行雲流水，沒有絲毫破綻。本來是玄祕奧妙的天機之事，竟被解譯得如此通透！

© 663highland, Wikipedia Commons

▲ 邵雍預言牡丹將盡毀於馬蹄之下，所言應驗，眾人無不稱奇。

一〇七七年，邵雍逝世。但是，這並不意味著邵雍時代的結束，隨著時間流逝，他的諸多預言猶如一團團瑰麗的五彩雲朵，雲霧繚繞間亦模糊了本來面目，而那首令他揚名後世的《梅花詩》，其內容預言之精準，幾乎令他登上神壇——

6 《梅花易數》以數起卦，凡其上下卦之總數加時數以六除，所得餘數即為動爻。只因一卦六爻，取動爻不得出於六數，故以六除之。

梅花詩

蕩蕩天門萬古開，幾人歸去幾人來。
山河雖好非完璧，不信黃金是禍胎。
湖山一夢事全非，再見雲龍向北飛。
三百年來終一日，長天碧水歎彌彌。
天地相乘數一原，忽逢甲子又興元。
年華二八乾坤改，看盡殘花總不言。
畢竟英雄起布衣，朱門不是舊黃畿。
飛來燕子尋常事，開到李花春已非。
胡兒騎馬走長安，開闢中原海境寬。
洪水乍平洪水起，清光宜向漢中看。
……
數點梅花天地春，欲將剝複問前因。
寰中自有承平日，四海為家孰主賓。

◎來源：Svdmolen & Shizhao, Wikipedia Commons

▲《梅花詩》中早已預言了元明二朝的出現。左為元世祖忽必烈，右為明太祖朱元璋。

這首《梅花詩》是邵雍流傳後世的名作，並列中國古代七大預言之一。詩中對之後數百年的中國重大歷史事件，做出了難以想像的精準預言。正是這首令人懾服的預言詩，使得數百上千年後的人們為之戰慄驚恐。

「山河雖好非完璧」暗指西元一一二六年的靖康事變。其時被金國長期佔據的燕雲十六州，國家領土已被外族侵犯，自然並非「完璧」了；而「不信黃金是禍胎」則進一步說明，金國當時定都於黃龍府，「黃金」二字正是表明金國的國名和大都的名字。這裡把金國比喻為「禍胎」，是因為金國正是靖康之恥的發起者——西元一一二六至一一二七年，金軍攻破北宋都城東京（今河南開封），擄走北宋皇帝、所有宮妃及一千皇親國戚、朝中大臣、宮女等一共三千多人。當人們領悟此詩含意之時，邵雍已離世五十年了。

《梅花詩》第二段「湖山一夢事全非，再見雲龍向北飛」，講的是南宋滅亡之事。南宋的都城臨安（今杭州），位於景色優美的西湖湖畔，加上南宋皇帝鎮日痴迷溫柔鄉中，不理朝政，因此「湖山一夢事全非」；而「再見雲龍向北飛」便是指北方將出現新的真命天子，暗指元世祖忽必烈；「三百年來終一日」，表明為期三百年的宋朝歷史終於結束，西元一二七九年，南宋大臣陸秀夫背著年僅九歲的宋少帝投海而死。南宋至此滅亡。

「忽逢甲子又興元」的「忽」字意指元世祖忽必烈，因此「興元」就是「元興」，表元朝將興。

那麼事實究竟如何發展呢？忽必烈於西元一二六〇年即大汗位，從西元一二七九年宋朝滅亡至西元一三六八年元朝被滅，期間相差近八十八年，正是詩中所云：「年華二八乾坤改」！

「畢竟英雄起布衣，朱門不是舊黃畿」，指明朝太祖朱元璋出身微寒，他本一介布衣，又當過幾年和尚後竟登基為帝，一生傳奇；「飛來燕子尋常事」乃指朱元璋四子朱棣，「燕」字正是其封號「燕王」的代指。朱棣雄才武略，智計超人，後來他能奪位登基，也算得上「尋常事」；「開到李花春已非」其中的「李」是闖王李自成，一六四四年，李自成率起義軍攻陷北京，崇禎皇帝上吊自盡，「李花」（李自成）一開，歷史之筆便不再由明朝執寫，自然是非明朝之春了。

迄今為止，《梅花詩》前九段內容已悉數應驗，全詩以象徵性的隱喻，成功預言了自北宋起到當今的重大事件，然而，唯獨最後一段懸而未解——

數點梅花天地春，欲將剝復問前因。
寰中自有承平日，四海為家孰主賓。

以詩本身而論，開頭的「蕩蕩天門萬古開，幾人歸去幾人來」是啟下之句，那麼末尾的「寰中自有承平日，四海為家孰主賓」則為全詩總結。這並不難理解，然而「數點梅花天地春，欲將剝復問前因」一句所包含的訊息卻極為複雜。

全詩雖名為《梅花詩》，然而通篇卻只有此句有一「梅」字，可見其重要性，此其一；其二，「剝」、「復」並不是單純二字，也不是詞組，而是《易經》中的兩卦。剝卦是《易經》六十四卦的第二十三卦，有剝脫衰落之義，是一個中下的卦象，它的上一卦是象徵繁盛的賁卦，意為事物盛極必衰。剝卦的出現，意為這個時代正處於由盛轉衰的轉折點；而復卦是六十四卦中的第二十四卦，正是剝卦的下一卦。復卦的意思是，事物不能一直剝脫到最後，意為恢復。所謂物極必反，剝後必復，意味著由衰轉盛的再次轉折——

解掛如此，你是否也聯想到了什麼？

千年前，古馬雅文明預言在第五個太陽紀之後，地球將毀滅之後重生。

《聖經》說，當末日來臨之時，天降七大災之後，基督救世，一片「新天新地」。

水晶頭骨說，你們依然追求異體化。這遲早會毀了你們自身。

剝與復，一個意味著衰落與毀滅，另一個則象徵生長與重生。剝復之後，「寰中」自然「承平」，可是在剝與復之間的轉折，究竟是怎樣的驚心動魄？邵雍沒有多做描述，然而其中的肅殺之氣已然迎面撲來。

這是警告，來自千年前的警告！這位千年前驚采絕豔的預言家，竟然預見到與其他預言所指相同的未來，他也看到了世界末日！

「欲將剝復問前因」，不僅僅是一句隱喻，更是一聲悲慟憤懣的質問——可悲的人欸啊，既然這看似跌宕起伏的歷史早已種下了前因，我們又為了什麼而苦苦掙扎？如果人類花費了數百萬年、耗費了上百代人的精力才爬到食物鏈頂端，那麼業已註定的滅世末日，便使這些奮力掙扎變成一場荒誕不經的南柯一夢——人類存在的意義是什麼，與天地相爭的結果，難道就是為了趕赴一場註定毀滅、有去無回的末日終點嗎？

唯一值得慶幸的是，剝、復兩卦均為中卦，並且預示了好的發展。這樣的結果或許是最大的安慰。然而，二〇一二年乃壬辰之年，危機並未解除，雖然有「生機復萌」之意，但卻依然有「性急即敗」的徵兆。

二〇一二年，在《推背圖》中同樣意味「乾坤再造」的更新之年，究竟帶有怎樣的寓意？《梅花詩》中所謂的剝復之象，中間又會經歷什麼樣駭人的驚天轉折？地球的淨化是否只能通過滔天浩劫才能完成？問題一個扣著一個，猶如精緻的九連環，卻無人能夠巧手解開。人們只能膽戰心驚地繼續解讀千年前早已卜下的預言，希望能從中得到新的啟示……

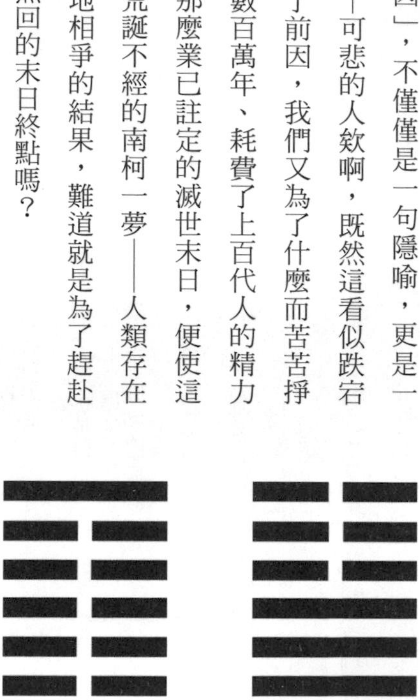

▲梅花詩中提到「欲將剝復問前因」。「剝」（左）、「復」（右）是《易經》六十四卦中的第二十三與二十四卦，象徵由盛轉衰，再由衰轉盛的二次轉折。

走到盡頭的時間曲線：《易經》裡的末日大限

一位外國科學家在電腦中輸入《易經》的六十四個卦象，最終形成一張曲線圖。當他把這張曲線圖附上時間線時，愕然發現它與人類數千年的歷史竟然完全吻合。這幅曲線圖幾乎準確預言了大部分人類歷史上的重大事件……然而令人震驚的是，這條跨越了千百年的時間線卻突然在一個時間點上、如同燒斷的草繩般猛然中斷——那一天正是二〇一二年十二月二十一日！

《易經》，也稱《周易》或《易》，是一本關於「卜筮」的書。「卜筮」就是對未來事態的發展進行預測，以通俗定義來說明，《易經》就是一部古老的占卜之書。傳說《易經》是由伏羲氏與周文王姬昌根據《河圖》、《洛書》演繹並加以總結概括而來，被譽為「群經之首，大道之源」。《易經》內涵之博大精深，早已有無數事例證明。邵雍發明的《梅花易數》占卜之法，也是以易學為基礎而創立，而他用以占卜的也正是《易經》裡的八卦。

然而，正是這一以「生生不息」為主題的卜筮之書，卻被現代科學證明其亦有終點！

二十世紀七〇年代，美國學者泰倫斯・麥肯納（Terence McKenna）將《易經》的六十四個

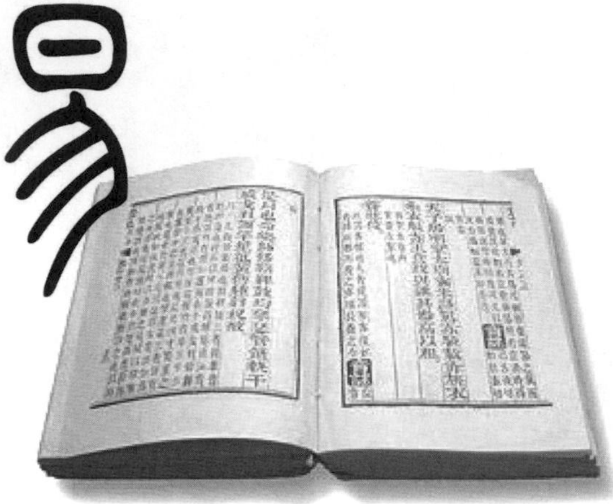

◎來源：Larsbo c & Cooltoye, Wikipedia Commons

▲《易經》，也稱《周易》或《易》，為中國古老的占卜之書，被譽為「群經之首，大道之源」。

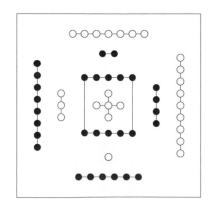

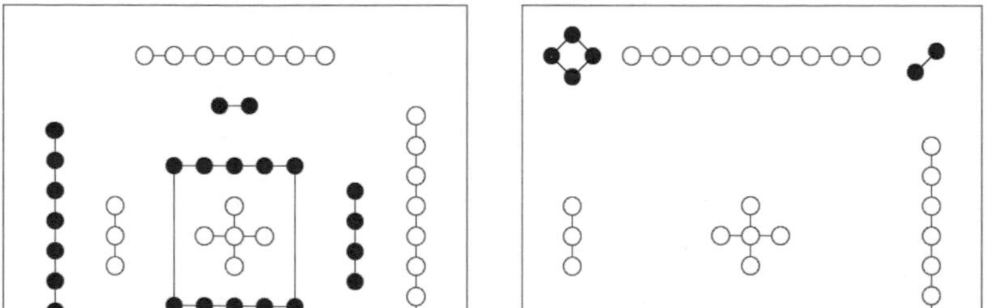

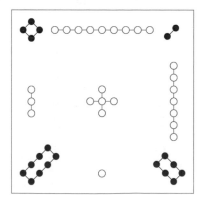

◎來源：Philolo, Wikipedia Commons

▲相傳《易經》是由伏羲氏與周文王姬昌根據《河圖》（左）、《洛書》（右）演繹並加以總結概括而來。

卦象編寫成電腦程式，將六十四卦重複六十四次，構成了一串連續數值，這些數值在波形圖裡連續起伏，如同波浪曲線。麥肯納稱之為時間波浪零（Timewave Zero），簡稱時間波浪。其中，零代表的是版本號碼，例如零之後的版本就是Timewave1。目前，時間波浪的最新版本是Timewave7。

◎來源：Entropath, Wikipedia Commons

▲ 美國學者泰倫斯・麥肯納將《易經》的六十四個卦象編寫成電腦程式，得出驚人的結論。

麥肯納認為，這種「時間波動函數」與碎形（Fractal）數學[7]相似，將之用於衡量整個世界歷史，便有了獨特的意涵——這條函數曲線的起伏與人類文明的發展相吻合，曲線的波谷則意味著人類歷史上的重大事件。

以二〇〇八年為例，時間波浪曲線顯示二〇〇八年十一月有重大事件發生——二〇〇八年十一月，金融危機爆發，股市大跌，許多股民血本無歸，輕生者數不勝數。

7 碎形是一門新數學，原意指「零碎」、「破裂」。碎形幾何學是用來理解不規則且複雜的形狀或現象的幾何學。於一九七五年由數學家本華・曼德博（Benoit Mandelbrot）所提出。

二〇〇九年十月二十五日附近的波浪曲線最低點，同樣預言了這段時間將會發生對人類有著重要影響的事件——那時，H1N1流感正在全球肆虐，近萬人因此喪生。

迄今為止，麥肯納曲線已經證實了人類歷史上的諸多重大事件，例如羅馬帝國的衰落、哥倫布發現新大陸、以及第一次世界大戰等等。

東方古國的人們習慣用大腦和雙手來使用《易經》占卜，然而麥肯納卻利用電腦程式提出一個嶄新的解讀方式。不僅如此，將中國古老的《易經》電子化後，也同樣具有「預言」的神奇能力。簡直不可置信！

然而，更令人震驚不已的是，這條已經驗證了無數人類歷史上的重大事件的麥肯納曲線，其跌宕起伏卻有了終點，如同一個力衰而

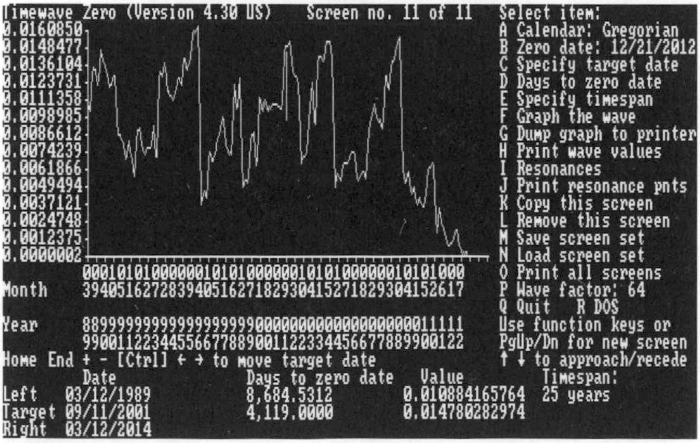

◎來源：CountingPine, Wikipedia Commons

▲ 麥肯納將《易經》六十四卦重複六十四次，構成一串連續數值形成的波浪曲線，波峰與波谷正好與世界歷史事件的發生時間相吻合。

竭、行將就木的老人，終於停下了行走的步伐，而這一天正是二〇一二年十二月二十一日！

結論一出，舉世譁然！

人們紛紛質疑，這是否是又一個末日噱頭，反對呼聲一浪高過一浪。這種利用高科技解讀傳統占卜古書的方式的確讓人難以接受。然而麥肯納卻堅持不公開該電腦程式的細節，也未在任何權威刊物發表他的偉論。

據此，人們認為這的確是一噱頭無疑。麥肯納不過是將易經六十四卦配合已知歷史，然後用所謂的「電腦程式」繪出波浪曲線呈現出來。對計算機高手來講，這簡直太容易了！

儘管麥肯納一再聲稱自己之前並沒有聽說過馬雅預言，但對於已有成見的人而言，早已認定這是一場末日騙局。

漸漸地，人們淡忘了麥肯納曲線，從二十世紀七〇年代發表於世，直到二〇〇一年，美國九一一恐怖襲擊事件發生，這條充滿預言的時間曲線依然未能引起大部分人注意；直到二〇一一年三月，日本東北大地震發生，這才有人想起了塵封的麥肯納曲線。

他們匆忙從電腦中翻出古老的波浪曲線圖，驚愕地發現上面的每一個波峰臨界點都代表了一個大事件發生！驚慌失措的人們再度回頭尋找麥肯納，然而他已經於二〇〇〇年罹患腦癌逝

☷ 坤（地）	☶ 艮（山）	☵ 坎（水）	☴ 巽（風）	☳ 震（雷）	☲ 離（火）	☱ 兌（澤）	☰ 乾（天）	上卦／下卦
11. 地天泰	26. 山天大畜	5. 水天需	9. 風天小畜	34. 雷天大壯	14. 火天大有	43. 澤天夬	1. 乾為天	☰ 乾（天）
19. 地澤臨	41. 山澤損	60. 水澤節	61. 風澤中孚	54. 雷澤歸妹	38. 火澤睽	58. 兌為澤	10. 天澤履	☱ 兌（澤）
36. 地火明夷	22. 山火賁	63. 水火既濟	37. 風火家人	55. 雷火豐	30. 離為火	49. 澤火革	13. 天火同人	☲ 離（火）
24. 地雷復	27. 山雷頤	3. 水雷屯	42. 風雷益	51. 震為雷	21. 火雷噬嗑	17. 澤雷隨	25. 天雷無妄	☳ 震（雷）
46. 地風升	18. 山風蠱	48. 水風井	57. 巽為風	32. 雷風恆	50. 火風鼎	28. 澤風大過	44. 天風姤	☴ 巽（風）
7. 地水師	4. 山水蒙	29. 坎為水	59. 風水渙	40. 雷水解	64. 火水未濟	47. 澤水困	6. 天水訟	☵ 坎（水）
15. 地山謙	52. 艮為山	39. 水山蹇	53. 風山漸	62. 雷山小過	56. 火山旅	31. 澤山咸	33. 天山遯	☶ 艮（山）
2. 坤為地	23. 山地剝	8. 水地比	20. 風地觀	16. 雷地豫	35. 火地晉	45. 澤地萃	12. 天地否	☷ 坤（地）

◎來源：Wikipedia Commons

▲ 六十四卦構成表

世了。

過去的已過去，然而未來可期！但是，當人們把期望的目光移向二〇一二年以後，恐懼驟然降臨——

沒有，什麼也沒有！二〇一二年之後，再不見二〇一三年！穿越了千百年，標記著人類歷史的時間波浪曲線竟如同燒掉的草繩一般，在二〇一二年十二月硬生生斷裂！

驚慌、混亂與恐懼猶如空氣般，無孔不入地深入人類的恐懼神經，人類猶如汪洋中的溺水之人，企圖抓住任何一根救命繩索。

研究者分析整個曲線的走勢，試圖得出與麥肯納截然相反的結論，然而結果不啻於宣判死刑——

從波浪曲線的波峰與波谷之間的間隔，可以明確發現人類歷史的週期越來越短！

馬雅預言，諾斯特拉達姆斯的末日預言，水晶頭骨的告誡，末日麥田圈，劍指世界末日的

◎來源：Shizhao, Wikipedia Commons

▲ 先天八卦圖又稱「伏羲八卦圖」，相傳為伏羲氏所作。

《推背圖》……

各式恐怖驚悚的末日預言，隨著日漸頻發的海嘯、地震、火山噴發，業已開始揭幕。地球的最後一場狂歡派對，開幕時間就是二〇一二年十二月二十一日！

▲根據《易經》推演出的標時間波浪曲線，竟然在二〇一二年十二月硬生生斷裂。《易經》理是否同樣隱藏著關於末日的驚人祕密？

第8章 真實的恐怖：末日就在身邊

二〇一二年，地球將迎來一場超級太陽風暴，多數電網將癱瘓，人類會回到沒有電力的原始時代嗎？同年，地球磁極開始逆轉，將導致宇宙小行星更容易撞擊地球；溫室效應導致海平面正不斷上升，淹沒陸地，很快的，荷蘭、英國等低窪國家亦將不復存在……

「毀滅人類的從來不會是天災，只會是人類自己」如斯應驗。

一九八〇年一月，美軍祕密研製出了四架「末日飛機」（E-4B Doomsday Plane），這些總共造價高達八．九二億美元的「末日飛機」隸屬於美國空軍第五十五飛行編隊，停放於內布拉斯加州（Nebraska）的奧法特空軍基地。它們的使命是：當毀滅性的災難降臨時，它們將保護美國總統、國防部長等軍政首腦安全，確保他們在任何惡劣條件下都能夠行使國家職能。

聽起來是不是很像電影《二〇一二》的劇情？

但卻真實地出現在現實生活裡，而促使美國做出這一舉措的，正是無數走在科技尖端的科學家們所提出的「世界末日說」——

天文學家表示，在未來五十至六十億年內，太陽將步入老年期，膨脹為一顆「紅巨星」，屆時，離太陽甚近的地球將在紅巨星散發的巨大熱量中灰飛煙滅。

也有科學家認為，地球將毀於天外行星的撞擊。這並不是無稽之談，例如六千五百萬年前的恐龍滅絕和二迭紀（Permian period）生物大滅絕，很有可能就是因為天外隕石撞擊地球所造成。

還有一些研究報告稱，地球的生態平衡將被打破，起因可能是人類的反自然活動引發氣候突變，屆時大氣中的有毒氣體濃度將大為提高，人類將面臨「無氧可吸」的窘境。

戰爭學家則認為，「相互確保摧毀」的情況亦有可能出現，屆時盛行於各核武擁有國的「核捆

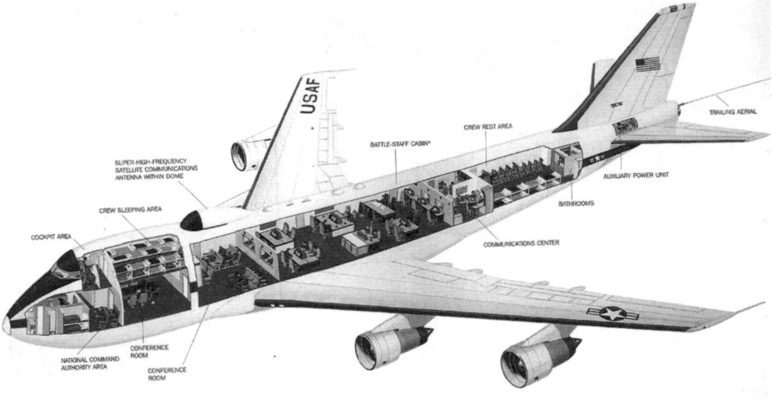

© US Air Force
http://www.ufo-blogger.com/2011/06/doomsday-plane-can-protect-us-president.html

▲「末日飛機」內部結構圖，由波音E-4B改裝而成，隸屬於美國空軍。

◎來源：Dual Freq, Wikipedia Commons

▲「末日飛機」正在進行電磁脈衝防護測試，以確保在任何惡劣狀況下皆能不受干擾。

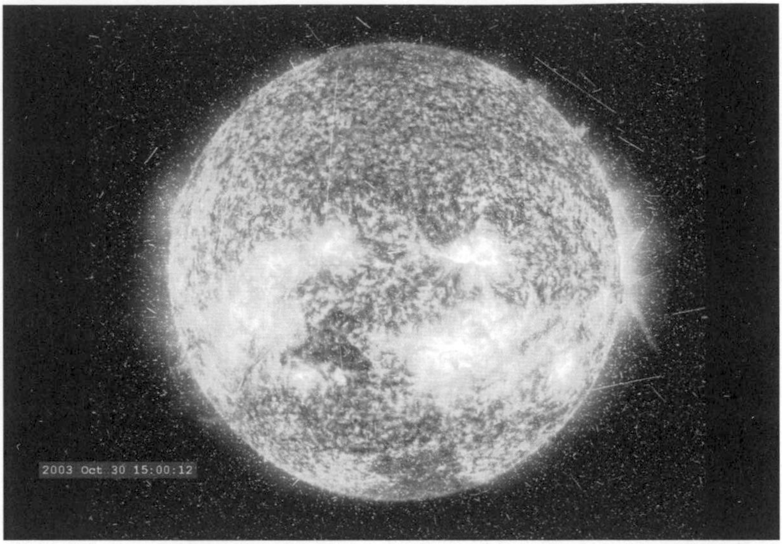

◎來源：Tryphon, Wikipedia Commons

▲ 科學家預測未來五十億至六十億年內，太陽將步入老年期，膨脹為一顆「紅巨星」，地球將在其巨大熱量中灰飛煙滅。

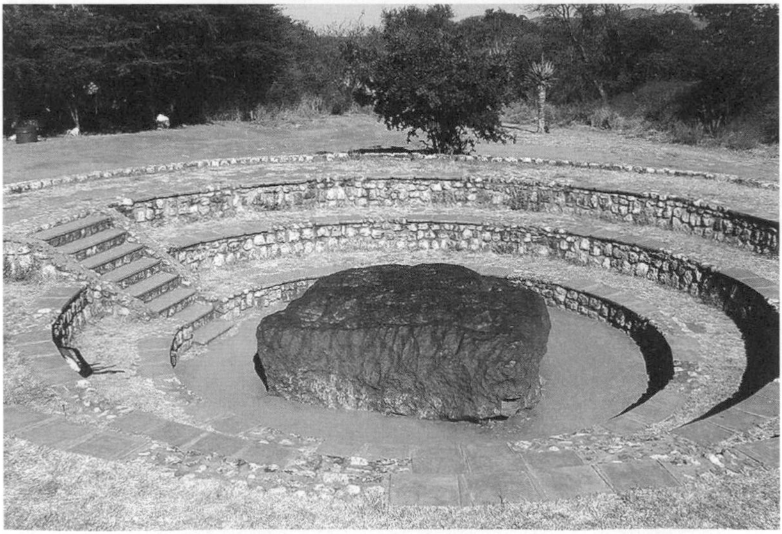

◎來源：Flickr upload, Wikipedia Commons

▲ 隕石撞擊亦是造成世界末日的可能原因之一。圖為目前地表上最大的「霍巴隕石」（Hoba meteorite），保存於非洲納米比亞共和國。

綁」[1]戰略，將把整個世界都拖入核戰爭的泥沼，人類文明將就此畫上破碎的句號……

加州大學的某個科學研究小組亦在報告中指出，宇宙在未來三十七億年內毀滅的可能性高達五〇%！

你還會認為世界末日是天方夜譚嗎？

在接下來的章節，我們將看到世界末日的另一種詮釋，徹底拋棄了鮮血淋漓的恐怖預言和玄之又玄的通靈記錄，代之以完全客觀的科學資料和絕對的嚴密推理，以完全冷靜和客觀的態度敘述著與神話預言一樣的結果——地球將崩潰，人類文明將毀於史無前例的天災人禍。這些不可抗拒的災難來自天外，來自腳下的地球，亦來自人類本身——一切正在看不見的地方快速改變，末日已然逼近！

這是最真實的恐怖，因為危機就在身邊，當末日炸彈的引線嘶嘶燃燒之時，人類除了等待，還能做些什麼？

1 指核武力量相對弱小的國家若遭受攻擊，會將己方核子武器對準某個具有更強核武的國家發動攻擊，引發全球性毀滅的戰爭。

太陽風暴：穿越一．五億公里的毀滅之光

二〇一二年，地球將迎來一場超級太陽風暴（Solar Storm）。來自一．五億公里外的電流將襲擊地球，這些不速之客將毫不客氣地展開一場難以想像的恐怖攻擊——它們將穿過地球上的大多數電網，燒毀上面的變壓器，屆時大部分電網將癱瘓，人類恐面臨「無電可用」的窘境，而多米諾骨牌效應[2]（Domino Effect）則帶來關乎性命的生存危機……

二〇一二年，人類真的會回到沒有電力的原始時代嗎？

一八五九年九月一日上午，從兩極到熱帶地區都出現了強烈的極光現象，個別地區（例如夏威夷、古巴、巴哈馬）的夜晚竟然亮如白晝，人們甚至可以在深夜裡悠然自得地看報紙，毋需任何照明設備。就在這時，許多報社也突發異常現象：電報機猛然爆出火花，在一段令人牙酸的劈啪聲響中，所有電報線路都發出燒焦的難聞氣味——電報機器全數報廢。

面對這樣的意外，電報員們呆若木雞。

這是天神降怒，還是惡靈作祟？一時間，各種謠言甚囂塵上，宗教組織紛紛就此作出解釋，亦有神棍邪徒混雜其中。就在人心惶惶、眾說紛紜之時，一位名叫理查．卡林頓（Richard

◎來源：http://e-ducation.net/physicists.htm

▲一八五九年提出太陽耀斑爆發說法的英國天文學家理查・卡林頓。

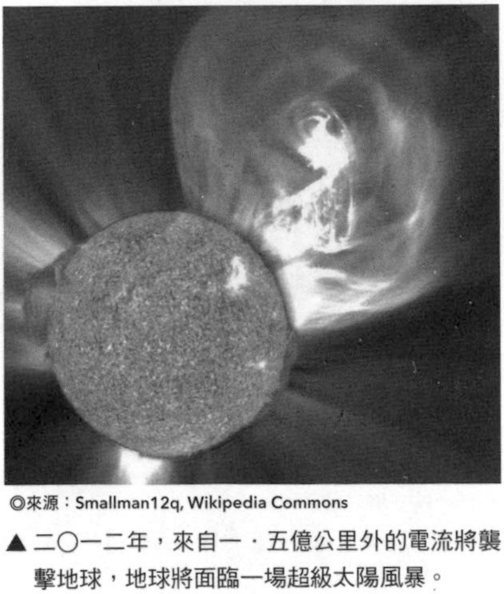

◎來源：Smallman12q, Wikipedia Commons

▲二〇一二年，來自一・五億公里外的電流將襲擊地球，地球將面臨一場超級太陽風暴。

Carrington, 1826-1875）的男人厲聲駁斥了所有論調，並且提出一個誰也沒聽過的名詞：耀斑爆發！

卡林頓是一名英國的天文學家。當極光現象發生時，他正站在自家的天文臺上用天文望遠鏡觀測太陽活動，因此他清晰地看到了整個耀斑爆發的過程——

2 指在一相互聯繫的系統網絡中，只要一個極小的初始能量便可能產生一連串的連鎖反應。

就在電報機電線燒燬的前一刻，太陽黑子（Sunspot）群上突然出現了一片明亮的、新月形的白色亮光，隨後便傳來了電報機報廢的消息。

這時，卡林頓已經可以肯定：這片白色亮光一定與電報機報廢有關！

事實的確如此。有了卡林頓的拋磚引玉，科學家們很快便有了結論：卡林頓看到的白色亮光其實是太陽耀斑[3]（Solar Flare），是太陽活動最為劇烈的標誌。當太陽耀斑爆發時，釋放的能量相當於十萬至一百萬次強火山爆發的總能量，或上百億枚百噸級氫彈的爆炸。

雖然巨大的衝擊力在一．五億公里的旅行中逐漸削弱，但依然有看不見的不速

◎來源：Para, Wikipedia Commons

▲一八五九年，自兩極到熱帶地區出現反常的極光現象，是史上第一次明確記載了太陽耀斑爆發事件。

之客叩響了地球的門扉——這些客人有紫外線、X射線、伽馬射線、紅外線、衝擊波和高能粒子流，甚至還有能量極高的宇宙射線。

它們穿越了一·五億公里到達地球，與電離層（Ionosphere）發生劇烈碰撞。

雖然電離層可以反射這些電磁波，但是當外部攻擊來勢洶洶時，它的防護就顯得不堪一擊了——強大的耀斑爆發所帶來的粒子流完全破壞了電離層，干擾甚至中斷電波通訊——那些莫名毀壞的電報機就是鐵證。

這是被譽為「地球之母」的太陽第一次「兇相畢露」，在此之前，人們雖然知道陽光含有輻

© Sebastian Janke, Wikipedia Commons

▲電離層可以反射來自太空的電磁波，但強大的耀斑爆發所帶來的粒子流完全破壞了電離層，干擾甚至中斷電波通訊。

3 耀斑是一種局部輻射突然增加的劇烈太陽活動，其能量來自太陽某處急劇放出的電磁波及大量帶電荷粒子。

射，但也僅僅停留在使用防曬霜隔離輻射的程度。所以，當太陽輻射造成這樣嚴重的後果時，人們才驚愕地發現，原來燦爛的陽光背後，同樣隱藏著死亡的陰影……

人們越發恐懼——這恐懼來自對太陽印象的徹底顛覆，也來自人類自身對自然宇宙的無能為力。當一向以生命之母姿態出現的太陽露出猙獰面孔時，極度的反差讓所有人都大驚失色。

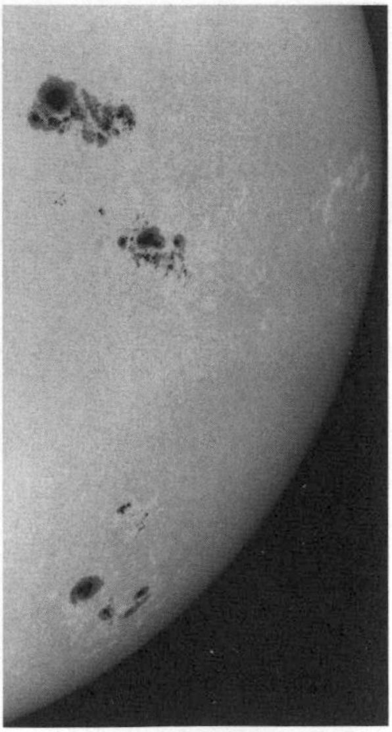

© Schnobby, Wikipedia Commons

▲透過天文望遠鏡觀察所紀錄下的太陽黑子群。

二〇〇九年一月，美國太空總署（NASA）和美國國家科學院發布了一份有關太陽風暴的特別報告，報告中指出二〇一二年將發生強烈的太陽風暴（Solar wind），屆時太陽活動會異常猛烈，太陽噴發的帶電粒子流將會大規模襲擊地球，爆發嚴重的「太陽災害」。

這並不是危言聳聽，二〇一二年前後正是公認太陽活動最頻繁、最劇烈的年份。而劇烈的太陽活動必然產生強烈的太陽耀斑，將加劇太陽風暴的猛烈程度。到時候，一系列的多米諾骨牌效應將把全體人類拖入災難的泥沼——

太陽風暴發生後，電離氣體流將迅速來到地球軌道附近，除了干擾無線電通訊外，也將對太空船內的太空人和儀器安全造成嚴重損害。例如二〇〇三年十月底到十一月初，太陽耀斑就曾爆發過一次，那時，各國國際空間站的太空人不得不中止任務，到相對安全的區域躲避；定期的飛機航班也只好避開高空航線……

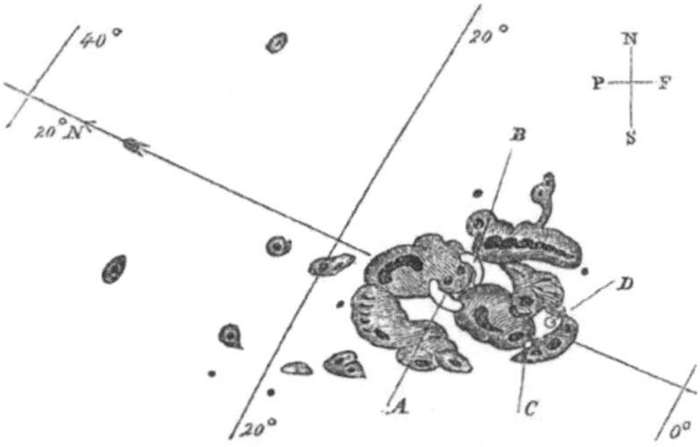

◎來源：astrochemist, Wikipedia Commons

▲ 天文學家理查．卡林頓所觀察繪製的太陽黑子。

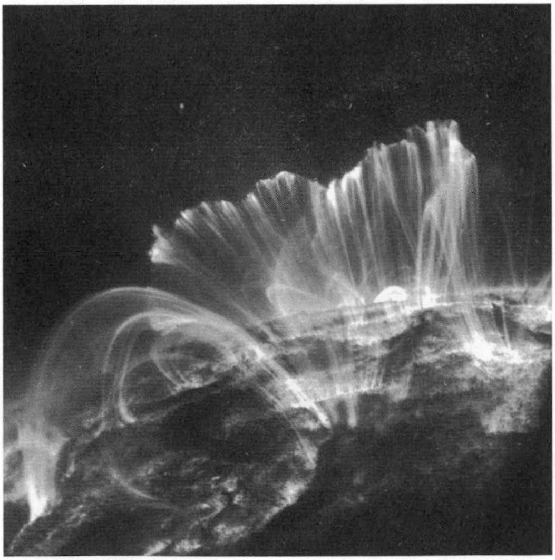
◎來源：Kameraad Pjotr, Wikipedia Commons

▲ 太陽耀斑是太陽活動最為劇烈的標誌。

除此以外，影響所及的地區亦將失去電力供應。

這並不是不使用電腦或不要看電視那麼簡單。科技越是昌明，對電力的依賴就會越大，人們已習慣於用冰箱儲存食物和藥品，習慣用電力設備淨化水源，想一想，當這些設備失去了賴以生存的電力供應時會是怎樣的景象——

缺乏電力供應的冰箱、冰櫃等製冷設備停止運轉，其中貯藏的食物和藥品將面臨變質的危險；同樣缺乏動力的泵浦也會停止工作，缺乏乾淨水源將威脅人類健康；此外，由於衛星訊號中斷，GPS定位系統也會成為廢鐵，猶如失去方向的蒼蠅一樣，胡亂衝撞的飛機和汽車將出現在現實生活中，而非虛構的電影情節裡。

除此以外，電腦、手機、掌上遊戲機等電子設備也將形同擺設。人們不得不去過沒有電的、像古人一樣的生活，例如花上幾週甚至幾個月的時間探親訪友——聽起來很復古？不，實際上，這糟糕極了！

試想，遭受過度工業汙染的今天，能比得上青山綠水的古代嗎？還記得那些因為失去儲藏條件而變質的的食物，以及因缺乏淨化設備而骯髒不堪的水源嗎？這些都是能置人於死的隱藏危機，就像因石油洩漏而窒息死亡的魚類一樣，讓人類在疾病與痛苦中緩慢死去。整個世界都將變得混亂不堪。

「二〇一二年地球將會遭遇強烈的超級太陽風暴，其破壞力將遠遠超過『卡翠娜』颶風，而地球上幾乎所有的人都將難逃其災難性的影響。」

這句斷語出自英國一個名為「新科學」網站中的文章，內容不僅詳細推演了太陽風暴所造成的多米諾骨牌效應，而且還敲定了具體時間——二〇一二年九月二十二日，也就是中國農曆的秋分時節。

文章中甚至根據多米諾骨牌效應詳細推演了即將發生的一切——

在這一天，美國紐約曼哈頓區上空將出現反常的極光現象。幾秒鐘後，該地區所有電燈泡開始閃爍，電

◎來源：McZusatz, Wikipedia Commons

▲英國「新科學」網站不僅詳細推演了太陽風暴所造成的多米諾骨牌效應，還提出具體的發生時間一二〇一二年九月二十二日。

力會在瞬間突然增強，接著全部熄滅。九十秒後，整個美國東部地區都將失去電力供應。一年以後，因為缺乏乾淨的飲水、食物和藥品，將有數以百萬計的美國人死亡，無論再堅實的國家基礎設施也會全面崩潰，淪為一堆廢物。美國恐因此天災而讓生活水準倒退數百年，變成發展中國家。而世界上的其他國家也將在這場「飛來橫禍」中苦苦掙扎。

這景象像極了《聖經》、《古蘭經》等宗教典籍中所描述的世界末日，哀嚎片野，大地上到處蔓延著疾病與死亡。它不是聳人聽聞的恐怖故事，也不是來自虛無縹緲的傳說和預言，而是人類親手創造出的「科學」。

於是當科學說，一場足以毀滅上千萬人的超級大災難即將到來之時，恐慌便就此蔓延——這場來自一．五億公里以外的飛來橫禍是否可以預防？對，人類可以關閉電網，停止用電，這樣便沒有任何損失。

可是，「太陽風暴何時會襲擊地球？」

聯合國日內瓦氣候會議上，首位進行太空漫步的女性、曾在美國太空總署擔任太空人、現為美國海洋和大氣管理局（NOAA）助理秘書的凱瑟琳・蘇利文（Kathryn Sullivan）提出了人們共同的疑問。

沒有人能回答，連最權威的科學家也只能保持沉默。

雖然目前人類已經可以發射專門的衛星對太陽進行二十四小時監測，然而太陽耀斑的發生卻始終不可預測。事實上，迄今為止，人類從來沒有準確地預報過太陽活動，倒是誤報的情況層出不窮。人們唯一可以肯定的是，即將來臨的一輪太陽風暴與之前發生的大不相同：從一九八六年至一九九六年觀察到的黑子強度說明，下一輪太陽風暴將是有史以來最強的一次。位於美國科羅拉多州博爾德（Boulder）國家大氣研究中心的迪克帕提（Mausumi Dikpati）甚至給出了準確的數值：「下一輪的黑子爆發將比前一次強三十到五十％。」

而國家空間科學技術中心的大衛・哈撒韋（David Hathaway）不僅同意這個觀點，甚至還提到了古馬雅預言：「前一輪產生的黑子有可能自我放大，在新一輪迴圈中成為更大的黑子重新出現。根據一九八六年至一九九六年那一輪爆發的資料，我認為太陽風暴最強的爆發日期是在二〇一二年，這與馬雅人計算我們的太陽與銀河排成一條直線是一致的。」

又是馬雅預言！然而，當它從一位科

◎來源：Myself488, Wikipedia Commons

▲美國太空總署首位進行太空漫步的女太空人，現為美國海洋和大氣管理局助理秘書的科學家凱瑟琳・蘇利文。

學家口中說出來時，其分量又不可同日而語了。拋開預言不談，科學研究表明二〇一二年地球的確會迎來一場史無前例的太陽風暴。雖然不知道前路在何方，但可以肯定的是，在極度依賴科技與電力的現代社會，在這種不可抗拒的天災面前，幾乎毫無招架之力。發達的現代科技，反而變成了招致災難的罪魁禍首，這是一記響亮的耳光，同樣也是嚴正的警告：失去了現代科技保護的人類，究竟還剩下什麼？

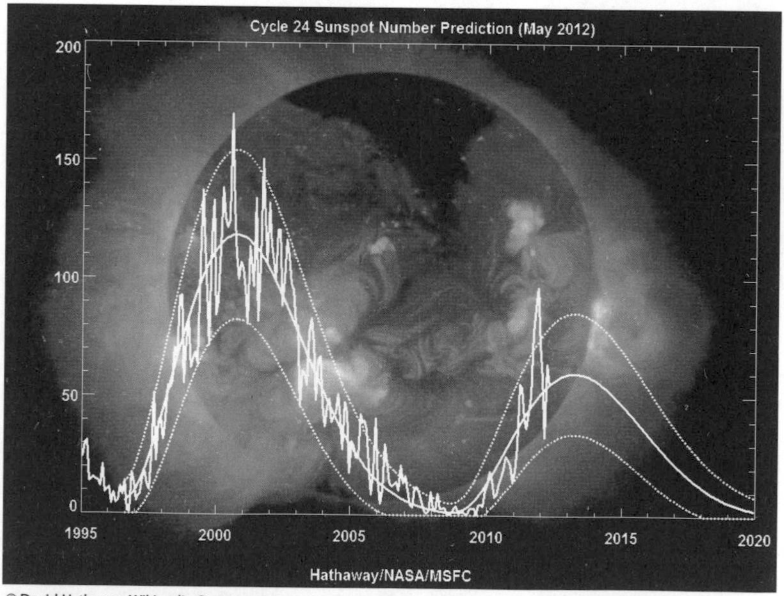

▲ 大衛・哈撒韋表示，太陽風暴最強的爆發日期是在二〇一二年，與馬雅人計算太陽與銀河排成一條直線一致。

磁極逆轉：地球文明週期性毀滅的罪魁禍首？

印度一個研究公司最近發布了預測：天體和物理學家與電腦科學家共同研究發現，地球與太陽的磁極將在二〇一二年開始逆轉。令人心驚的是，同樣現象在歷史上亦曾發生過，時間點正與恐龍滅絕的時刻完全吻合！

二〇一二年，人類也會像恐龍一樣消失嗎？

「計算器模擬預測地球和太陽磁極的逆轉將在二〇一二年結束人類文明。」

這不是恐怖小說的開頭，也不是科幻小說的說詞，這個聳人聽聞的標題出現在印度一份電子雜誌上，而在此之前，《印度日報》（Indiadaily）上也刊登了這則消息。

發布研究報告的是位於巴基斯坦海德拉巴（Hyderabad）市的一家公司。該公司的研究人員根據馬雅預言，用電腦進行了一系列的仿真模擬，得出了令人震驚的結論：二〇一二年地球磁極將發生逆轉，地球磁場的磁力很可能低至零點！

我們在孩提時代就知道指南針，有了指南針，人們永遠不會迷路，因為指南針永遠會指向地球的北極。

然而，指南針真的會「永遠」指向北極嗎？

實際上，地球的磁場絕非一成不變。科學家已經證實，出於莫名的原因，地球的南極和北極會在固定的時間交換位置，地球磁場將徹底顛倒，南極會變成北極，北極則變成南極。這不是天方夜譚，而是歷史上真實發生過的事件。

雖然史書上並無記載，但經歷過磁極逆轉的地質變化卻清楚記錄了曾經發生過的一切：地球史上的確發生過磁極逆轉，甚至可能是恐龍滅絕的元兇之一。科學家們甚至發現，在過去七千六百萬年中，已經發生過一七一次磁極逆轉，僅僅在過去四百五十萬年中，至少就發生了十四次。

那麼，磁極逆轉究竟會帶來什麼後果？是候鳥迷失遷徙方向，或者指南針失靈嗎？當然沒那麼輕巧。實際上，在世界末日成因的諸多推測中，磁極逆轉便是其中之一。

◎來源：Jaypee, Wikipedia Commons

▲ 指南針並非永遠指向北極？科學家證實，地球的南北極會在固定時間交換位置，徹底顛倒。

根據海德拉巴市某公司做出的電腦模擬實驗，人們發現，當地球磁場發生逆轉時，在某個時間點上，地球磁場的磁力將會為零。

屆時，末日的倒數計時就此開始——

所有電力系統將失效，候鳥迷失方向，所有動物（包括人類）的免疫系統會明顯削弱；地殼發生劇烈變化，這意味著更頻繁的火山爆發、高頻率的地震以及山體滑坡等地質災害頻發；減弱的磁場也將使高輻射的宇宙射線成倍增加，人們罹患不可治癒的癌症機率大大提高；而地球重力場發生變化，還會導致宇宙中的小行星更容易撞擊地球……

想想看，當這些狀況同時發生的話，該是多麼恐怖駭人——身體格外健康的人可以抵抗普通疾病，也許運氣夠好，可以在火山噴發和地震中存活下來。但然後呢？宇宙射線無處不在，罹患癌症的機率大大增加，即使真的運氣好到中樂透的地步，在一切災難中幸運存活下來——就在這時，一顆小行星從天外飛來，狠狠地撞向地球……

結果還是一樣。這個多米諾骨牌效應的結果完全可以預見：當地球磁場甫開始發生變化的那一刻起，就註定了地球文明終將灰飛煙滅的命運。

命運的終點一旦確定，人們便習慣性地詢問它到來的時刻：磁極逆轉作為地質現象，是否可以預報？

答案是否定的。

雖然科學家已經確定磁極逆轉具有週期性，但這週期卻不具有可預測性。唯一可以肯定的是，在磁極逆轉之前會有各種徵兆出現，如氣候模式突然變化和地球磁場迅速減弱等等。試想，現在地球表面的溫度是否不斷升高，海嘯、地震等地質災害頻發？地球磁場的變化雖不容易感受到，但它其實正在發生——

透過地質測量結果，我們可以知道地球磁場從二千年前的強度峰值便開始逐漸衰退，迄今為止，地球磁場強度值已下降了三十八％。自十八世紀中葉開始的測量結果則進一步支持了磁場正在衰退的論點，也就是說，僅在過去一百年間，地球磁場強度就下降了七％。（資料來源《大覺醒時代：二〇一二的秘密》）[4]

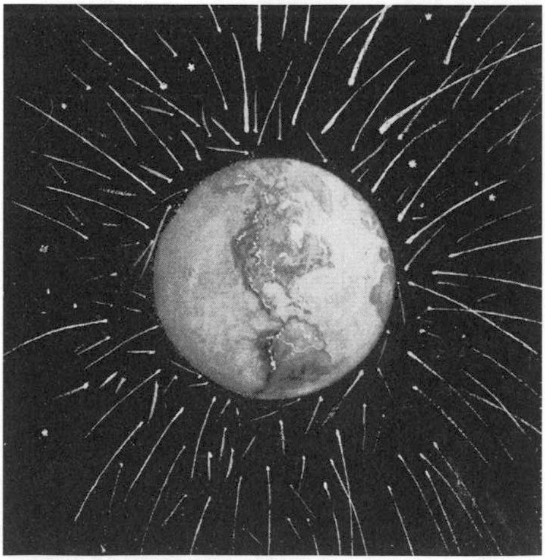

◎來源：Ineuw, Wikipedia Commons

▲當地球重力場發生變化，會導致宇宙中的小行星更容易撞擊地球。

類似的報導也刊登在了《紐約時報》（二〇〇四年七月版），上面寫道：「保護植物和控制很多生物生長的地球磁場早在一百五十年前就已經開始崩潰了。」這篇專題報導用了一整版的版面告訴讀者什麼是磁極逆轉，以及磁極逆轉的後果。無疑，這是一篇相當嚴肅的專業報導，絕不是嘩眾取寵的花邊新聞。

各種跡象表明，地球的磁極正在逆轉，末日的腳步離我們越來越近。就在這時，有人終於想起了什麼，他們大喊著：「地球磁場最快也要四千到五千年才逆轉一次，所以不用杞人憂天。」這已經是舊資料的結論了。最新證據顯示：只要幾年，甚至更短時間，磁極逆轉就可以完成。

洛杉磯西方學院的史考特・伯格（Scott Bogue）與美國地質調查機構的強納森・葛蘭（Jonathan Glen）於內華達州的巴特爾山區，發現一塊源自一千五百萬年前的熔岩樣本，足以證明地球磁極逆轉是如何改變地質。熔岩流樣本的檢測結果顯示，這地區的磁場僅僅在一年內就改變了五十三度之多。而改變的證明是：原本已經冷卻的熔岩由於被埋在新熔岩之下，短時間內被重新加熱，熔化的岩石晶體卻記錄下當時的磁極方向，直到下次再熔化、再冷卻，發現晶體的方向已不相同，足足與上次有五十三度之差，證明這裡的磁場已發生變化。按照這個速度，磁極逆轉只需要不到四年的時間。伯格認為，這可能是磁性運動的過程中突然發生了加速磁化的緣故。

---

4 《大覺醒時代：二〇一二的秘密》，Gregg Braden著，伍義生等譯，中國，世界知識出版社，二〇一一年四月一日。美國原版書名為*The Mystery of 2012: Predictions, Prophecies, and Possibilities*，二〇〇九年一月一日出版。

然而這真的是「偶然」嗎？近年來，已經有科學家提出了另一種觀點，即：磁場一旦削弱得越多，削弱的速度也會越快。果真如此，那麼真實發生的磁極逆轉也許根本不是人類所想像的那麼漫長——人們曾經在西伯利亞的北緯度地區發現了散步中被凍死的長毛猛瑪，它的嘴裡甚至還有沒吃完的食物，這很可能就是由於磁極忽然逆轉，導致天氣突然變化造成的！

這個發現也顛覆了「地球磁場逆轉將以穩定速率發生」的觀念，而人類試圖預測磁極逆轉的願望也變得越發遙遠。

一九九三年，《科技新聞》雜誌發表了一篇論文，該論文無奈地承認「發現精確的磁極逆轉記錄是最困難的任務」，「因為在磁極轉換方向時磁場大大地削弱了。」

又是一個讓人感到深切無力的結論。磁極逆轉的預測就像天外隕石一般，知道它會來，卻無法躲避，只能眼睜睜地任其發生，引頸就戮。

好在美國太空總署的聲明總算為此留了一絲餘地，讓反對者們不至於太絕望：地球兩極顛倒的確會使地球磁力不穩，並且變弱，但磁力為零的發生機率不大。

可是無論如何，地球逆轉的可能性依然存在，沒有發生自然萬幸，一旦發生，人類又將何去何從？

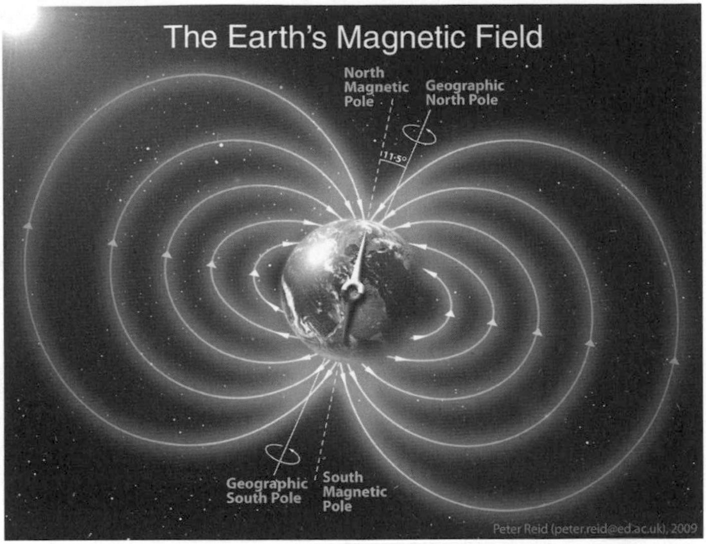

© NASA

▲ 科學家已經確定磁極逆轉具有週期性，卻不具有可預測性。唯一可以肯定的是，地磁逆轉將給地球帶來前所未見的災害。

◎來源：Yatadeihom, Wikipedia Commons

▲ 西伯利亞尋獲凍死的猛瑪遺體，專家判斷很可能是由於磁極忽然逆轉，導致天氣突然變化所造成。

✹ 海洋正在淹沒陸地：溫室效應的警告

科學改變生活，亦在改變地球環境。
最終毀滅人類的，從來不會是天災。

《德雷斯頓抄本》裡說，歷史上曾經存在的三個世界都毀於洪水；
《聖經》裡說，末日審判到來的那天，世界上會發大洪水，淹沒一切罪惡；
有人認為這只是古老的傳說，不足為信。
然而實際上，這一切正在肉眼看不見的區域悄悄發生——

二〇〇七年，聯合國氣候變化專門委員會預測，全世界的冰川可能在二〇三五年全部消失；氣候委員會還說，就在本世紀，海洋會升高十八至五十九公分，未來幾個世紀還會持續上升。

還有數據顯示，二一〇〇年海平面會升高一·五五米，二三〇〇年時海平面則升至一·五至三·五米；德國氣候科學家拉姆斯多夫（Stefan Rahmstorf）則指出，如果北極冰層全部融化，全球的海平面將會上升五十七米。

這一切的源頭正是——溫室效應（Greenhouse effect）。

溫室效應又稱「花房效應」，是大氣保溫效應的俗稱。大氣能使太陽短波輻射到達地面，但地表向外放出的長波熱輻射線卻被大氣吸收了。這樣一來，地表溫度便會增高，因其作用類似於栽培農作物的溫室，所以名為溫室效應。

隨著現代科技的發展，過多的煤炭、石油和天然氣燃燒後，排放出了大量的二氧化碳氣體。二氧化碳具有吸熱和隔熱的功能，因此，當它進入大氣層時，便形成了一個聚熱罩，使太陽輻射到地球的熱量無法向外發散，其結果就是地表溫度節節增高。

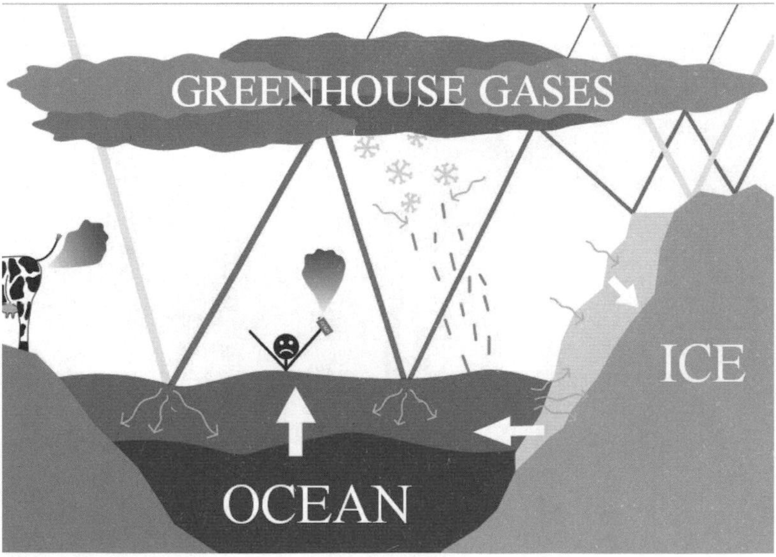

©Eberhard Höpfner, Wikipedia Commons

▲ 二氧化碳具有吸熱和隔熱的功能，進入大氣層後會形成一個聚熱罩，使太陽輻射到地球的熱量無法向外發散，造成溫室效應，導致地表溫度節節增高。

而地球上可以吸收大量二氧化碳的只有海洋裡的浮游生物和陸地上的森林，尤其是熱帶雨林。然而它們的現狀如何呢？

頻繁的石油洩漏事故使得海洋浮游生物的生存環境遭受到嚴重破壞；而熱帶雨林的情形則更不樂觀——據聯合國統計數字，全球二千三百萬英畝熱帶雨林，因人類濫砍濫伐、毀林採礦與拔林耕作而急劇減少。如果再不採取措施，那麼十年以後，相當於英國面積大小的熱帶雨林即將消失。

上個世紀，全球氣溫平均升高攝氏〇·七度。二〇〇六年公布的氣候變化經濟學報告顯示：如果我們繼續現在的生活方式，不思改變，到二一〇〇年全球氣溫極有可能上升攝氏四度以上。到時候，全球數百萬人的生活將大亂，疾病在炙熱的空氣中蔓延，海水將淹沒陸地，海岸被侵蝕，降雨機制被擾亂，國家之間將因為遷移而發生大規模衝突。

這並不是危言聳聽。早在二〇〇八年，世界上四十三個小島國家就曾經聯合發表聲明指出，地球氣溫升高促使海平面上漲，將導致這些國家從地圖上消失。這四十三個國家幾乎囊括了從太平洋到印度洋的所有島國，例如馬爾地夫、菲律賓等等。

然而，這個在波蘭波茨南（Poznan）舉行的會議並沒有引起人們足夠的重視。直到二〇〇九年，在哥本哈根舉行的世界氣候大會終於引起了全世界的關注——

一直以來的擔憂終於變成了現實：位於南太平洋小國吐瓦魯（Tuvalu）第一個成為「海平面上升」的犧牲品。

吐瓦魯是一個美麗的南太平洋島國，隨著全球變暖，海平面上升，這個平均海拔只有一米多的島國將面臨舉國遷徙的命運：國土將於五十年後沉入海底。此外，由於當地土壤已經被海水滲透，無法耕種，現在，吐瓦魯的環境已經惡劣到幾乎無法生存的地步。吐瓦魯總理私人秘書Kelesoma Saloa在接受新聞採訪時說道：「以前人們還種一些蔬菜和莊稼，現在沒人種了，海水一漫過，什麼都會死去。」

吐瓦魯環境部部長Mataio T. Mataio的解釋更為詳細：「在過去，吐瓦魯人的主食是一種名叫Pulaka的芋頭，大約能長到一米高，以前都是在窪

◎來源：H-stt, Wikipedia Commons

▲ 據聯合國統計，全球二千三百萬英畝熱帶雨林，因人類濫砍濫伐、毀林採礦與拔林耕作而急劇減少。

地裡種植Pulaka和一些蔬菜，因為窪地的海拔比海平面要高，地表可以儲存一層薄薄的淡水。現在，窪地已經低於海平面，滲出來的全是海水，Pulaka根本無法生長。因為沒有農業，所以幾乎百分之百的食物都要仰賴進口。」

由於無法種植蔬菜，吐瓦魯人的主食改為牛肉和雞肉，蔬菜已成為奢侈品。由於吐瓦魯人長期把肉類作為主食，當地超過三十歲的男女幾乎都是肥胖症的患者，當地人普遍在三、四十歲時就罹患了脂肪肝、高血壓、高血脂等疾病，因為他們食肉過多，實在太胖了，於是常常發生心肌梗塞的意外，猝死也就成了國民死因常態。

悲劇不僅於此。

由於海平面大幅度上漲，夜晚的吐瓦魯也成了死亡之地：只要一不小心，隨時都可能被海水淹沒。因為吐瓦魯的地形平坦，一旦遇到大規模的漲潮，海水甚至能淹沒公路。因此，吐瓦魯的房屋建築全都用十幾根柱子撐起來，遠遠看去，就像建在淺水湖裡一樣。

由於生存環境惡劣至極，已經有至少六千人離開了祖國故土移民海外，目前尚在吐瓦魯生活的人口僅一萬人。吐瓦魯人離散各地，夫妻分離，子女離散，許多人已經十年沒有見過自己的親人。

「我們的未來不能用錢來買。」在二〇〇九年哥本哈根會議上失望而歸的吐瓦魯代表黯然神傷，被迫遠離故土的吐瓦魯人MitianaTrevo在面對採訪鏡頭時則更為悲憤，「我覺得，地球上的六十億人口都該對我們說抱歉。」

五十年後，吐瓦魯將從地圖上消失。那麼地球呢？迄今為止，由於溫室效應導致的冰川融化使得海平面不斷上升，如果南北極冰川全部融化，海平面將上升七十米，這意味著世界的一半人口將無家可歸，荷蘭、英國等幾十個低窪國家將不復存在。

想一想，到時候會發生什

◎來源：Wsiegmund, Wikipedia Commons

▲ 如果南北極冰川全部融化，海平面將上升七十米，世界一半人口將無家可歸，荷蘭、英國等低窪國家亦將不復存在。

麼？人們會為食物爭搶，為了領土而戰爭，親人失散，家破人亡。

有一句話是這樣說的，「毀滅人類的從來不會是天災，只會是人類自己」。現在，人類文明發展正處於一個關鍵的十字路口，可以預見的是：如果人類再不改變自己的生活方式，那麼下一個吐瓦魯，也許就是整個地球……

國家圖書館出版品預行編目資料 CIP

驚異！世界史 恐怖末日預言／張璐華 著. -- 初版.
-- 新北市：繪虹企業, 2012.9
面；21X14.5公分, --（Scary；002）
ISBN 978-986-87392-4-6（平裝）
1.預言 2.世界末日
296.5 100024247

Scary 002

驚異!世界史 恐怖末日預言

作者／張璐華
主編／白宜平
編輯／王怡之
封面設計／黃聖文
版面編排／洪偉傑
發行人／張英利
出版者／繪虹企業股份有限公司
電話／(02)2915-5869 傳真／(02)2915-7078
E-mail／rphsale@gmail.com
地址／台灣新北市231新店區寶元路一段91-1號1F

台灣地區總經銷／知遠文化事業有限公司
電話／(02)2664-8800 傳真／(02)2664 8801
網址／www.booknews.com.tw
地址／新北市222深坑區北深路三段155巷25號5樓

港澳地區總經銷／豐達出版發行有限公司
電話／(852)2172-6513 傳真／(852)2172-4355
E-mail／cary@subseasy.com.hk
地址／香港柴灣永泰道70號柴灣工業城第二期1805室

ISBN／978-986-87392-4-6
初版一刷／2012.09
定價／新台幣280元 特價199元

本書由中南博集天卷文化傳媒有限公司授權出版